Hansjörg Rey / Thomas Rögner

NO WAY

Bike Trial Tricks

Für alle Mountainbiker

- Heiße Abfahrten
- Locker über Hindernisse
- Balancieren
- Show-Tricks

W0192346

Delius Klasing Verlag

Die Deutsche Bibliothek – CIP-Einheits-
aufnahme

No way – Bike-trial-Tricks: für alle
Mountainbiker; heiße Abfahrten, locker
über Hindernisse balancieren, Show-
Tricks/Hansjörg Rey; Thomas Rögner.
[Fotos: Bob Allen ...] – 5. Aufl. – Bielefeld:
Delius Klasing, 2001
   (Bike-Buch)
   ISBN 3-7688-0792-4

5. Auflage
ISBN 3-7688-0792-4
© by Delius, Klasing & Co. KG, Bielefeld

Fotos: Bob Allen, Heinz Endler,
Uwe Geißler, Thomas Rögner
Titelfoto: Heinz Endler
Art Director: Sabine Urbas-Plenk

Druck: Paderborner Druck Centrum
Printed in Germany 2001

Delius Klasing Verlag,
Siekerwall 21, D-33602 Bielefeld
Tel.: 05 21/5 59-0, Fax: 05 21/5 59-1 13
e-mail: info@delius-klasing.de
www.delius-klasing.de

INHALT

EINFÜHRUNG

Trial kommt aus dem Englischen und heißt Versuch, Probe, Experiment. Bike-Trial heißt, auf dem Fahrrad alle Hindernisse zu überwinden, bergauf oder bergab, im Wettkampf oder draußen in der freien Natur: jeder Stein, jede Stufe, jede Hürde wird zum beliebten Versuchsobjekt der eigenen Fahrkünste.

Das Mountainbike ist dafür das ideale Sportgerät und lädt geradezu ein, damit herumzuspielen, neue Wege zu erforschen und immer größere Herausforderungen anzugehen. Dabei stehen statt Streß und Tempo der Spaß und die Technik im Vordergrund. Beim Trial schult man spielerisch Balancegefühl, Körper- und Bikebeherrschung, Kondition und Konzentration. Mit zahlreichen Fotos, genauen Beschreibungen und vielen Tips haben wir die Grundlagen des Trialfahrens zum ersten Mal in dieser Form zusammengestellt: Vom Balancieren, den ersten Hüpfern, über schwierige Abfahrten bis zum Bunny Hop, dem Geländesprung in verschiedenen Technikvarianten. Nach dieser Grundschule steht Dir auf dem Bike nichts mehr im Wege – Du hast es in allen Lagen im Griff.

Und wer sein Bike beherrscht, bekommt immer mehr Spaß an Tricks und will vielleicht eine eigene kleine Show gestalten. Wir verraten, wie man die heißesten Stunts lernen und üben kann. Du verbesserst und verfeinerst Dein Balancegefühl. Du stehst oder fährst nur auf dem Vorder- oder Hinterrad, wie bei der Showfigur „Statue of Liberty" oder dem „Nose-Wheelie". Bei den Backwheel-Hops hüpfst Du wie ein Känguruh über alle Stolpersteine. Und Du gehst mit Deinem Bike sogar die Wände hoch: Der Extrem-Stunt „Wall Ride" zeigt Dir, wie das geht.

Jetzt hast Du nach unseren Anleitungen geübt und trainiert und möchtest Dein Können mit anderen vergleichen. Kein Problem. Seit 1992 gibt es in Deutschland auch Mountainbike-Trialwettkämpfe. Hansjörg Rey hat in seiner Karriere sehr viel Erfahrung gesammelt, die er erstmals mit enorm vielen Tips in diesem Buch weitergibt. So profitierst Du vom Können eines Weltmeisters und vermeidest eine Menge Fehler. Trial findet sich auch in „Trial and Error": Versuch und Irrtum. Nach der Lektüre dieses Buchs werden Deine Versuche garantiert erfolgreicher und die Irrtümer geringer.

Noch ein Rat: Bei jeder neuen Technik, die Du erlernen möchtest, solltest Du in Ruhe den Text durchlesen und Dir mit Hilfe der Fotoserien die Bewegungsabläufe genau vorstellen. Klappt ein Manöver überhaupt nicht, dann gehe noch einmal die Beschreibung durch. Was Du nicht auf Anhieb verstehst, liest Du Dir am besten langsam und laut selbst vor. Oft begreift man manche Hinweise erst, wenn man die Technik bereits ausprobiert hat. Mach Dir klar, welche Bewegungen in welcher Reihenfolge ablaufen. Dann laß den ganzen Film in Deinem Gehirnkino ablaufen, bevor Du aufs Bike steigst zum Üben. Viel Spaß dabei!

Hansjörg Rey
Thomas Rögner

2 BALANCIEREN

**Besser Fahren beginnt mit dem Stehen -
die Bike-Balance ist die Basis für alle Trialtricks.
Denn mit einer perfekten Balance
packt man im Gelände alle Hindernisse
ohne abzusteigen.
Und das Beste daran: Diese Technik
kann man sogar daheim
im Wohnzimmer trainieren.**

2 BALANCIEREN

Trialfahren ist zwar die vielfältigste Disziplin im Mountainbiken, aber für alle Übungen gelten eigentlich die gleichen Grundregeln: Das perfekte Balancieren ist die Hauptsache, der Ausgangspunkt für alle weiteren Tricks, weil man sich mit dem Bike vertraut macht und sein Gleichgewichtsgefühl schult. Nur wer im Stand sein Bike optimal beherrscht, kommt auch beim Fahren in allen Passagen zurecht. Dabei ist zuerst einmal die Funktion des Bikes wichtig. Bevor Du mit den Übungen anfängst, solltest Du Dein Bike durchchecken und darauf achten, daß alle Teile und Komponenten in Ordnung und richtig eingestellt sind.

Die Bremsen sollten schon mit einem, maximal zwei Fingern gut ziehen. Die Schaltung muß optimal eingestellt sein, damit die Kette nicht durchrutscht. Ich verlasse mich in jeder Situation voll aufs Bike und weiß, daß die Kette nicht runterspringt - sonst kann mancher Sprung oder eine schwierige Aktion zu einem Sturz oder zu Verletzungen führen.

Die Riemen an den Pedalhaken kann man ganz locker stellen oder das Pedal rumdrehen, damit man die Füße bei allen Übungen schnell wieder auf den Boden bringt. Natürlich lassen sich auch die Riemen aus den Haken ziehen - so kann man immer noch schnell seitlich vom Pedal gleiten, ohne hängenzubleiben, gleichzeitig kann der Fuß aber nicht nach vorne wegrutschen.

TIEFER SATTEL, HOHER LENKER

Alle technisch schwierigen Trial-Passagen fährt man grundsätzlich im Stehen. Daher stellst Du am besten den Sattel auf halbmast oder ganz runter, damit er nicht im Weg ist. Für bestimmte trialorientierte Tricks hilft es, wenn man einen etwas erhöhten

Die optimale Balanceposition: Das Vorderrad einschlagen, den Oberkörper zum Lenker, die Füße in den Pedalen verkeilen. Die Hüfte schiebt man ziemlich weit nach vorne.

und breiteren Lenker auf dem Bike montiert hat - es ist aber nicht unbedingt Voraussetzung. Der höhere Lenker erleichtert das Hochreißen des Vorderrades. Die Bewegung kommt durch die erhöhte Griffposition weniger aus dem Kreuz als bei einem geraden, tiefen Lenker. Außerdem steht man höher auf dem Bike und hat damit mehr Übersicht. Der breitere Lenker bringt mehr Hebelkraft beim Ausbalancieren und beim Anheben.

Der Luftdruck der Reifen muß dem Gelände, dem Körpergewicht und der Reifendicke angepaßt sein. Der Pneu soll niemals durchschlagen. Zum Langsamfahren und Springen stelle ich den Luftdruck etwas niedriger als normal ein, so bringt der Reifen mehr Dämpfung und paßt sich besser dem Gelände an, als wenn er prall aufgepumpt ist. Selbst beim Balancieren ist es wichtig, den richtigen Gang einzulegen: Ich empfehle eine relativ kleine Übersetzung, damit man aus dem Stand leicht wieder anfahren kann. Vorne liegt die Kette auf dem kleinen Blatt, hinten auf einem mittleren Ritzel. Überflüssige Teile am Bike, wie Kindersitzhalterungen, Klingeln, Ständer oder Schutzbleche, sollte man abschrauben, weil sie Verletzungen provozieren können und unnötigen Ballast darstellen.

HELM AUF ZUM BIKE-DANCE

Als Grund-Schutzkleidung empfehle ich Helm und

Diese Übung fördert die Sicherheit: Man bikt genau auf der Bordsteinkante.

Handschuhe. Zusätzlich kann man beim Üben Schienbeinschoner, Knie- und Ellbogenschützer anziehen, wie man sie beim Skateboarden benützt.

Die Schuhe sollten robust und halbhoch sein. Ich trage einen Allroundschuh, der keine total steife Sohle besitzt, aber fester als ein Turnschuh ist. Man arbeitet sehr viel mit den Füßen und braucht daher eine Menge Gefühl darin - und je enger der Kontakt über die Füße zu den Pedalen ist, desto genauer kann man mit dem Bike umgehen und alle Bewegungsvorgänge steuern. Man kann mit jedem serienmäßigen Mountainbike Trial fahren, ein kleinerer Rahmen als bei einem normalen Allround-Bike bringt ein bißchen mehr Wendigkeit. Für Trials im Gelände sollte man eventuell einen Rock-Ring oder

einen anderen Kettenblatt-Schutz montieren.

Wichtiger Tip: Man kann bei Extrem-Tricks auch das große Kettenblatt abschrauben. So erhöht sich die Bodenfreiheit, und man kann immer noch locker nach Hause kurbeln. Die Griffe des Bikes sollten nicht zu dick sein, damit die Hände den Lenker ganz umschließen. Mit dünnerem Material hat man die Lenkstange besser im Griff und damit engeren Kontakt zum Bike.

WELCHER IST DER SCHOKOLADEN-FUSS?

Um mit dem Bike-Trial anzufangen, mußt Du erst einmal aufhören - mit dem Fahren. Das A und O der Tricks ist die Balance, das ruhige Stehen auf der Stelle in den Pedalen. Dazu nehme ich immer eine ganz bestimmte Position auf dem Bike ein, die jeder für sich selbst herausfinden muß. Das fängt an mit dem Schokoladenfuß. Du mußt ausprobieren, welcher der beiden Dein besserer Fuß ist, ob Du bei waagerechter Kurbelstellung lieber das linke oder das rechte Pedal vorne hältst. Wie beim Sprungbein in der Leichtathletik hat jeder ein besseres und ein schlechteres Pedal. Das kann man herausfinden, indem man sich aufs Fahrrad setzt und langsam rollt - so merkt man, in welcher Position man sich besser fühlt. Wenn man keinen Unterschied spürt, wechselt man immer wieder ab, um vielleicht doch eine Vorliebe zu bemerken. Meist fährt man an der Ampel auch immer mit dem gleichen Pedal oben los. Wenn man dann noch kein bevorzugtes Pedal spürt, kann man sich einfach angewöhnen, immer den gleichen Fuß in der Balancestellung nach vorne zu drehen.

Genauso hat man eine gute und eine schlechte Seite für alle anderen Übungen. Ob man jetzt einen engen Kreis fährt, links oder rechtsherum, oder ob man bei der Hüpftechnik seitlich versetzt oder springt - immer gibt es eine Seite, auf der es leichter funktioniert. Man sollte grundsätzlich sein »gutes« Pedal bei diesen Übungen vorne lassen, aber die Techniken wie Kreisfahren und Hüpfen nach beiden Seiten trainieren. So kann man in der Praxis nach beiden Seiten reagieren, wie es das Gelände und die Bodenbeschaffenheit gerade erfordern. Das muß man herausfinden, aber man merkt ziemlich bald, wo die Schokoladenseiten liegen.

MENTALES TRAINING IM GEHIRNKINO

Je besser man balanciert, desto sicherer fühlt man sich im Gelände. Man sollte das Balancieren auf einem freien Platz, etwa einem Parkplatz, einem Hof oder einem Gelände mit glattem, ebenem Untergrund, absolut sicher beherrschen. Dabei kann man sich verschiedene extreme Situationen im Gelände vorstellen: Du fährst auf einem ganz schmalen Weg, es geht links und rechts den Abgrund hinunter, vor einem liegen

Gutes Training: Auf einer geraden Linie, wie einer Straßenmarkierung, fahren.

dicke Felsbrocken, und man muß nun anhalten und auf dem Rad stehenbleiben. Wenn man sich diese Situation bildlich vorstellt und ausmalt, merkt man, daß man auf einmal wieder unsicher wird und das Rad zu kippen beginnt. Also übt man weiter die Balance zu halten - dieses Gefühl muß man perfektionieren, bis man sich absolut sicher ist.

Ganz wichtig bei allen Trial-Übungen ist auch, sich immer darauf zu konzentrieren, was man tun will und nicht auf das, was man nicht tun will. Dabei hilft, sich vorher zu entspannen und ruhig zu werden. Dann versuchst Du, Dir den Bewegungsvorgang genau vorzustellen, als ob Du einem anderen dabei zusiehst. Und dann läßt Du im Gehirnkino sozusagen den Lehrfilm ablaufen. Dazu kann

man sich auch immer wieder die Fotos hier aus dem Buch anschauen und sich einprägen, wie die optimale Haltung aussieht und versuchen, sie nachzuahmen. Dazu gibt es verschiedene Übungen, damit man zur absoluten Perfektion kommt. Balancieren funktioniert nicht sofort. Man muß schon viel Zeit investieren, um sicher zu werden.

LANGSAMFAHREN ALS VORÜBUNG

Die erste Grundübung: Man probiert, auf einer absolut geraden Strecke so langsam wie möglich zu fahren. Bevor man umkippt, leicht weitertreten oder »pedalieren«, wie es bei uns im Trial-Jargon dafür heißt: Man holt mit einer kurzen Rückwärtsbewegung das Pedal zurück in die Stellung zwischen waagerecht und senkrecht und kann gleich wieder leicht antreten. Diese Technik hilft auch in sehr holprigem Gelände oder wenn man über Steine fährt, an denen das Pedal nicht aufsetzen soll.

Wenn man sich beim Langsamfahren wohlfühlt, kommen Übungen wie das Achterfahren. Diese Doppelschleife fährt man möglichst langsam und in ganz kleinem Radius. Dann geht man vom ruhigen und ebenen Übungsterrain ins Gelände und versucht, auch auf unebenen, schottrigen und holprigen Wegen so langsam wie möglich auf dem Bike zu rollen. Eine gute Übung stellt auch dar, ganz langsam, fast im Stillstand, einen kleinen Berg hinunterzurollen. Dabei dosiert man die Geschwindigkeit nur mit Hilfe der Bremsen und kann sich mit waagerechten Pedalen an das Gefühl gewöhnen, wenn das Bike fast stehenbleibt - kommt man aus dem Gleichgewicht, lockert man nur ein wenig die Bremsen und rollt ein Stückchen weiter.

Man kann nicht erwarten, daß alle Übungen auf Anhieb klappen. Gerade diese Grundübungen erfordern viel Training und Zeit, aber wenn sie mal drin sind und Du Dich sicher fühlst, kann man die anderen Übungen relativ leicht und schnell erlernen. Nach ein paar Trainingsstunden sollte man diesen Text nochmals durchlesen, weil man dann bestimmte Sachen besser verstehen kann und auch Erklärungen, die einem vorher noch nicht auffielen, bemerkt und in die Praxis umsetzen kann. Sich nochmals die Bilder genau anzuschauen und sich jeden Schritt und jedes Detail klarzumachen, schärft das Vorstellungsvermögen. Manchmal hilft es auch, sich selbst den Text laut vorzulesen. So kann man versuchen, die Bewegungsabläufe und die Körperhaltung nachzuvollziehen.

Als weitere gute Vorübung fährt man auf einer Markierungslinie auf einem Parkplatz und achtet darauf, mit dem Hinterrad auf der gleichen Linie wie mit dem Vorderrad zu bleiben. Wem dies zu leicht erscheint, kann gleich die nächste Übung ausprobieren: Auf der Kante eines Randsteins zu fahren. Meist wird man aus Angst, abzukippen, wieder unsicher und

fährt Schlangenlinien oder rutscht mit dem Vorderrad vom Bordstein hinunter. Also: Erst wenn das Geradeausrollen perfekt sitzt, sollte man weitermachen.

Als Steigerung fährt man dann auf einem Holzbalken oder einem freistehenden Randstein so langsam wie möglich. Man stellt sich dabei eine ganz gefährliche Situation vor, etwa auf dem Brückengeländer der Golden Gate Bridge zu biken. Diese harmlos klingenden Trainingseinheiten bringen mehr fürs Gelände, als man es sich vielleicht vorstellt.

Denn nur wenn ich mein Bike bei jeder Geschwindigkeit - auch beim Langsamfahren - optimal im Griff habe, kann ich auch ganz kontrolliert jede

Geländesituation meistern. Denn Du mußt Deine Geschwindigkeit immer dem Weg anpassen; je langsamer man fährt, desto schwieriger wird es, die Balance zu halten.

TRIAL-TRAINING ALS SPIEL

Zum Langsamfahren kann man auch Spielchen zu zweit oder zu dritt oder zu viert anstellen, dann wird das Üben nicht langweilig. Man fährt zu dritt in einem mit Kreide markierten Kreis oder in einem Viereck, auf jeden Fall in einer begrenzten Fläche. Ständig bleibt man auf dem Bike in Bewegung - aber keiner darf den Fuß abstellen. Zur Erschwernis kann man sich gegenseitig hinausdrängeln, mit den Ellenbogen oder dem Oberkörper. Wer dabei zuerst den Fuß aufsetzen muß, hat verloren.

Das fördert das Balance-Gefühl: Eine Rampe hinunterrollen und immer wieder bis zum Stillstand abbremsen.

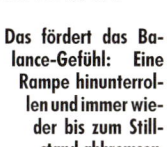

BALANCIEREN

13

Ziel dieser Übungen ist, daß man auf einer Stelle balancieren kann. Mindestens fünf Sekunden sollten jetzt schon drin sein. Dann steigert man diese Zielsetzung immer weiter. Der Vorteil dieser Spielchen: Man kann sie sogar im Winter durchführen.

Du versuchst einfach, so langsam wie möglich von einem Punkt zum anderen zu kommen, und stoppst dabei Deine Zeit oder veranstaltest einen Wettbewerb mit Freunden. Sieger ist nicht der Schnellste, sondern der Langsamste. Diese Finger- und Beinübungen funktionieren nämlich überall problemlos, selbst wenn Schnee liegt, in der Garage, unter einer Brücke, im Hausflur, in der Unterführung oder im Keller daheim.

ANLEHNEN HILFT BEI DEN STANDÜBUNGEN

Wichtig für alle Trialversuche ist, daß man sich durch Ausprobieren an die optimale Stellung des Bikes und der eigenen Haltung herantastet. Jeder Biker reagiert ein wenig anders, jedes Rad besitzt eine andere Geometrie und einen unterschiedlichen Schwerpunkt, so daß nicht alle Tips und Beschreibungen für jeden einzelnen hundertprozentig zutreffen.

Jede Übung besteht aus mehreren Bewegungsabläufen, die man auswendig lernen kann, wie ein Musiker Noten auswendig lernt. Dann

Das bringt Sicherheit: So langsam wie möglich auf einer Linie fahren.

wendet man die verschiedenen Bewegungsabläufe richtig an. Wie ein Musiker seine Melodie spielt, setzt man die Bewegungen zu einer ganzen zusammen. Das heißt, wenn Du rausgefunden hast, wie Du Deinen Schwerpunkt verlagern sollst, dann kannst Du ausprobieren, wie Du Deine Pedale in die für Dich optimale Stellung bringst. Einer mag es etwas steiler gestellt, der andere etwas flacher. Man kann solange rumprobieren, bis man sich wirklich wohl fühlt, so wie die Pedale dann stehen.

Sobald man sich der Sache sicher ist, sollte man sich die Bewegungsabläufe im Kopf programmieren, so daß man sie mit der Zeit automatisch

abrufen kann. Dabei sollte man versuchen, seine optimale Haltung sozusagen von außen anzuschauen und sich die Fußstellung oder die Lage des Körpers auf dem Bike einzuprägen.

Um erst einmal Gefühl für die Haltung auf dem Bike beim Balancieren zu bekommen, kann man sich oder das Bike teilweise anlehnen. Ein guter Trick ist hierbei, nur das Vorderrad an einem Hindernis, einer Wand, einer Kante oder einem Laternenmast oder am Randstein anzulehnen und durch den Druck auf die Pedale oder durch die festangezogenen Bremsen zu verkeilen.

Das Prinzip besteht darin, immer eine feste Verbindung zum Bike aufzubauen, indem sich der Körper an den Berührungspunkten - den Händen am Lenker und den Füßen auf den Pedalen - in das Bike hineinspannt. Diese Verbindung sollte sehr stabil sein, dabei aber immer noch flexibel und beweglich bleiben.

Die Balancehaltung kann man auch sehr gut an einer kleinen Steigung üben. Man rollt mit dem Vorderrad auf die Rampe, bleibt stehen, schlägt den Lenker um fast neunzig Grad ein und versucht, das Bike auszubalancieren, indem man die Bremsen anzieht und das Bike ein wenig schräg kippt. Verliert man nun die Balance, läßt der Druck auf die Pedale nach und man löst die Bremsen nur ein klein wenig, so daß das Bike um ein paar Zentimeter zurückrollt. Jetzt gibt man wieder Druck auf die Pedale, legt den Oberkörper leicht nach vorne und zieht die Bremsen wieder an. So kommt man automatisch mit dem Körper wieder über den gemeinsamen Schwerpunkt. Nun kann man mit Hilfe dieser Schräge Wippbewegungen vor und zurück üben, indem man mit eingeschlagenem Lenker ein wenig zurückrollt und durch Druck auf die Pedale wieder nach vorne kommt und den Körper mitnimmt.

Wer in diesen Übungen total fit ist und überhaupt keine Probleme mehr hat, die Balance zu halten, kann die gleichen Übungen machen, sich dabei aber nicht mehr aufs Bike, sondern auf etwas ganz anderes konzentrieren, zum Beispiel ein bevorstehendes Hindernis. Ich habe mich früher zum Training einfach ins Wohnzimmer vor den Fernseher gestellt und mir einen spannenden Film angeschaut. So schafft man es, das Bike unter einem total zu vergessen und balanciert irgendwann automatisch aus. Das trainiert gleichzeitig auch die Muskeln der Beine, die dabei ja ständig arbeiten müssen. So bekommt man mehr Ausdauer und Kraft in den Oberschenkeln und auch den Armen, die ja ständig mitarbeiten. Am besten leihst Du Dir in der Videothek »Vom Winde verweht« aus. Wer diesen Dreieinhalb-Stunden-Film auf dem Bike durchsteht, ist bereit für einen Weltrekord-Versuch.

SO BALANCIERT MAN AM BESTEN AUF DEM BIKE

Grundvoraussetzung für das Balancieren auf der Stelle ist

eine waagrechte Pedalstellung mit dem Schokoladenfuß vorne. Mit eingeschlagenem Lenker zieht man die Bremsen an, läßt aber gleich wieder locker. Der Oberkörper ist parallel zum Lenker verdreht. Das ganze funktioniert wie ein Stop-and-go-Verkehr, man steht nicht bewegungslos auf der Stelle, sondern wippt mit dem Bike ganz leicht vor und zurück, so daß sich das Rad etwa drei bis fünf Zentimeter immer vor und zurück bewegt. Dies erreicht man durch ständigen Druck auf die Pedale und das gefühlvolle Dosieren der Bremsen, die man immer wieder ganz leicht nachläßt und gleich wieder zukneift. Der ganze Körper wippt dabei mit und bewegt das Bike vor und zurück. Bei dieser Übung liegt der Schwerpunkt des Körpers fast genau über der Vorderradachse, das heißt die Hüfte wird auf dem Sattel nach vorne geschoben und steht in etwa über dem vorderen Pedal, der Oberkörper liegt über dem Vorbau. Die Beine sind fast gestreckt und üben immer Druck auf die waagerecht gestellten Pedale aus, um den Körper im Bike zu verspannen. Diese aktive Spannung ist sehr wichtig. Der kurvenäußere Arm ist dazu gestreckt, auch das Bein, das auf

dem vorderen Pedal steht, ist im Kniegelenk durchgestreckt und die Hüfte leicht nach vorne geschoben. Während des Balancierens sollte man einen etwa zwei Meter entfernten Gegenstand anvisieren. Dadurch wird man viel ruhiger auf dem Bike. Das ist ähnlich wie beim Tragen einer vollen Kaffeetasse - schaut man auf den Weg vor sich, so geht man viel ruhiger, als wenn man die Tasse anstarrt.

Balanceposition üben: Als Hilfe lehnt man das Vorderrad an einen Baum oder Pfosten.

3 RÄDER VERSETZEN

Akrobatik-Show oder Gelände-Trick. Was wie ein Freestyle-Part aussieht, kann im Gelände einen ungewollten Abstieg vermeiden. Wenn Du Vorder- oder Hinterrad versetzen kannst, suchst Du Dir eine neue Ausgangsposition oder hebst Dich über Hindernisse einfach hinweg.

❸ RÄDER VERSETZEN

Nicht umsonst heißt das Erfolgsmodell eines großen Herstellers "Stumpjumper" - ein Mountainbike ist der ide-

einer Seite abzukippen droht. Dann löst man entweder die Bremsen und rollt ein Stück vorwärts, oder man versetzt

weiterzufahren, oder sich auf einem schmalen Weg oder in einer engen Kurve durch verschiedene kleine Hopser vorne und hinten aus einer mißlichen Lage zu befreien. Der absolute Gag sind natürlich "180er" mit dem Hinter-

Heck versetzen: Die Füße in die Pedale verkeilen, aus dem Stand in die Knie gehen, den Oberkörper über dem Vorbau.

Dann die Beine und den Körper strecken, um das Hinterrad zu entlasten, während Du die Hüfte verdrehst, um das ...

ale Stoppelhopser: Selbst ohne Anlauf schwingt man sich mit der richtigen Technik aus dem Stand auf ungeahnte Höhen. In unseren Trial-Parcours stehen die Hindernisse sehr eng zusammen und wenn ich auf einen Baumstamm hinaufspringen muß, um dann darauf entlang zu fahren, kann ich nicht Full Speed hinrasen, sondern muß ganz kontrolliert Vorder- und Hinterrad auf das Hindernis lüpfen, um dann wieder starten zu können.

Schon im ersten Kapitel unserer Trial-Fahrtechnik ist klargeworden, daß man - um gut zu fahren - auch gut stehen können muß. Und gerade beim Balancieren kommt es oft vor, daß das Bike nach

einfach das Vorderrad ein wenig zur Seite, um das verlorene Gleichgewicht im Sprung wieder einzuholen. Das funktioniert ganz einfach: Auf die Seite, auf die man abzukippen droht, hüpft man dem Gleichgewicht hinterher. Mit solchen kleinen Korrektur-Hopsern arbeite ich auch, wenn ich mich in einer Sektion auf ein bevorstehendes Hindernis konzentriere, dabei genau den Hindernis-Parcours abchecke und mich nicht aufs Bike oder das Balancieren konzentrieren will.

Noch raffinierter wirkt es auf den unbedarften Zuschauer, wenn man das Hinterrad zur Seite versetzt, um zum Beispiel in eine neue Richtung

rad, wie ich es auf dem großen Stroboskop-Foto demonstriere: Das Heck wird so weit hochgehoben und mit Körpereinsatz nur um das Vorderrad gedreht, so daß das Bike nach dem Stunt genau in entgegengesetzer Fahrtrichtung steht und Du lässig wieder dahin rollst, wo Du hergekommen bist. Okay, das ist nicht immer sinnvoll - aber "the show must go on" - und es bringt ein wahnsinniges Feeling fürs Bike, wenn man solche Tricks übt und irgendwann beherrscht.

Wie bei den ersten Balancierübungen mußt Du am Bike fast nichts verändern. Nur den Sattel etwas runterstellen, der Luftdruck sollte auf einem normalen mittleren Wert eingestellt sein. Sind die Reifen zu weich, komme ich nicht vom Boden weg und es besteht die Gefahr, daß die Felge auf den Schlauch durchdrückt und den berühmt-berüchtigten Snake-Bite verursacht, einen Platten mit zwei parallel liegenden Löchern, die aussehen wie ein Schlangenbiß. Ist der Reifen zu hart aufgepumpt, kann ich das Bike nicht so gut in

gelingen alle Tricks: Das Wichtigste bei allen Hopsern ist die enge Verbindung des Körpers zum Bike über die Hände am Lenker und die Füße auf den Pedalen. Die Hände habens leicht - sie brauchen nur um den Lenker zu greifen, schon kann ich nach oben oder zur Seite ziehen, wie ich will.
Aber die Füße kann ich nicht

Springen, die sollte man bei den Übungen am Anfang einfach ganz weglassen. So wird man nicht irritiert.
Denn wenn ich meine Füße festschnalle, hat das entscheidende Nachteile: In schwierigen Passagen oder bei Stürzen komme ich überhaupt nicht mehr aus den Pedalriemen und vom Fahrrad weg. Hält man die Füße

... Heck zur Seite zu schwenken. Damit das Hinterrad nicht zu hoch kommt, schiebt man den Körper Richtung Sattel. So ...

... leitet man den Landeanflug ein. Kaum hat das Hinterrad wieder Bodenkontakt, trittst Du an, um die Balance zu halten.

die Reifen hineindrücken. Ist der Untergrund glatt oder schlüpfrig, verliert der harte Reifen schneller die Haftung, so daß schon mal das Vorderrad wegrutschen kann - eine unangenehme Situation, die je nach Gelände gefährlich werden kann.

DIE FÜSSE FIXIEREN DAS BIKE

Um in der Trial-Technik weiterzukommen, mußt Du eine innige Beziehung zu Deinem Bike aufbauen. Je näher man seinem Bike steht, desto eher

ums Pedal wickeln - oder doch ?
Viele Leute fragen mich nach einer Show immer ganz erstaunt: "Wie kannst Du nur so hoch springen? Schiebst Du die Füße unter die Pedale, um das Bike damit hochzuheben?" Ganz im Gegenteil, die Technik funktioniert genau in der entgegengesetzten Richtung. Ich drücke meine beiden Füße ganz fest auf die Pedale und durch diesen Druck klebt das Rad geradezu an den Fußsohlen. Darum braucht man auch keine Haken und Riemen zum

zu schräg, kann man beispielsweise beim Bunny Hop immer noch vom Pedal abrutschen - der berauschenden Flugphase folgt ein ernüchternder Bodenkontakt. Darum rate ich jedem Trial-Fan, diesen Kontakt über die Füße zu den Pedalen immer wieder zu trainieren, um diese Technik optimal zu beherrschen.

MIT SPANNUNG IN DIE KNIE GEHEN

Wie funktioniert das Anheben von Hinter- und Vorderrad

nun genau ? Um nach oben zu kommen, starten die Beine zunächst die Gegenbewegung: Sie pressen die Sohlen kräftig nach unten - diese Verbindung zwischen Bike und Körper ist dynamisch und wird durch ständigen Druck der Beine aufrechterhalten. Dabei steht das vordere Pedal nahezu waagerecht, etwas nach hinten geneigt, das andere Pedal dreht man zwischen waagrecht und senkrecht, da der hintere Fuß mehr nach hinten, fast schon wieder nach oben, Druck ausübt. Am ehesten ist diese Fußstellung mit der Position in einem Startblock zu vergleichen. Wenn man mit dieser Fußstellung nun in den Knien einfedert und schnell und dynamisch, wie bei einer angedeuteten Kniebeuge, wieder die Beine streckt, merkt man, daß das Bike mit nach oben geht, als ob es an den Sohlen festgeklebt wäre. Das ist die erste Vorstufe zum Hopsen.

Um das Vorderrad zu versetzen, nimmt man den Schokoladefuß nach vorne und stellt die Kurbel nicht ganz waagerecht, sondern leicht schräg oberhalb der Horizontalen. Beide Räder sollten blockiert sein - also die Bremsen mit den Zeigefingern anziehen - um das Rad wirklich auf der Stelle zu versetzen. Falls man Probleme hat, den Lenker hochzuziehen, genügt es auch, nur die Hinterradbremse anzuziehen. So kann man zumindest mit

einer Hand den Lenker ganz umgreifen und hat mehr Kraft. Ansonsten entspricht die Ausgangsbasis der Balancehaltung, die man am besten beherrscht und eingeübt hat. Zum Abheben muß man nun umdenken: Obwohl die Bewegung nach oben gehen soll, muß die Hauptstoßrichtung zunächst nach unten gerichtet sein. Über den ständigen Druck auf die Pedale, mit gespannter Kette gegen die blockierten Räder, die Arme leicht gebeugt und mit Druck gegen den Lenker - als ob man ihn nach vorne schieben wollte - verkeilt man sich im Bike. Schuhe mit etwas weicherer Sohle erleichtern die Fixierung mit den Pedalen, weil man so die Fußsohle besser um das Pedal "wickeln" kann. Diese Fußstellung mag einem zunächst etwas ungewöhnlich vorkommen, doch Du mußt Dir wirklich für den hinteren Fuß vorstellen, daß Du ihn geradezu um das Pedal herumdrehen wolltest. Die Stellung des Fußes auf dem Pedal kann dabei variieren. Ich selbst stehe mit der Sohlenmitte über der Pedalachse, viele andere Trial-Fahrer und Rennläufer bleiben bei der gewohnten Stellung des Pedalierens, in der der Ballen über der Pedalmitte liegt. Die optimale und angenehmste Stellung muß jeder wieder für sich selbst herausfinden. Das wichtigste - ich kann es gar nicht oft genug betonen - ist die Technik, sich mit Spannung im Bike zu verkeilen, um eine Einheit mit dem Rahmen zu bilden. Wie beim Rudern drücken Arme und Beine in entgegengesetzte

Richtungen, dabei darf man aber den Körper nicht steif machen, sondern nur durch Muskelkraft ein Spannungsgefüge aufbauen. Wie ein Bogen, der zwar fixiert ist, aber nach beiden Seiten Druck ausübt. Nur so hält man die Gelenke beweglich und kann mit dem ganzen Körper arbeiten, für den Absprung, die Gewichtsverlagerung und die Dämpfung bei der Landung.

NACH UNTEN DRÜCKEN, NACH OBEN SPRINGEN

Wenn Du nun in der beschriebenen Haltung blitzschnell den Lenker nach unten drückst und sofort wieder entlastest, springt das Bike fast wie von selbst ein paar Zentimeter mit dem Vorderrad vom Boden weg. Diesen Effekt kann man mit mehreren kleinen Hopsern hintereinander ausprobieren und Gefühl dafür entwickeln. Dazu spricht man sich selbst einen Rhythmus vor: Hop-hop-hop. Wenn das ohne Mühe funktioniert, versucht man, das Vorderrad immer höher zu heben. Um noch mehr Kraft einzusetzen, schiebt man den Oberkörper ein wenig nach vorne über den Vorbau und beugt - wie bei einer Liegestütze - die Ellenbogen. Beim Nach-Oben-Ziehen reißt man dann den Lenker aktiv mit - so schafft man locker dreißig bis vierzig Zentimeter Flughöhe, mit denen man später das Vorderrad genügend weit versetzen kann. Um nun die seitliche Komponente ins Spiel zu bringen, genügt es, mit dem Oberkör-

3 RÄDER VERSETZEN

per und dem Kopf zu steuern. Gleich nach dem Hineindrücken drehe ich den Oberkörper in die gewünschte Richtung und ziehe am Lenker nach rechts oder links mit. Dabei bleibt immer der gleiche Fuß, eben der Schokoladefuß, vorne, egal ob man den Sprung nach links oder

hopst los. Anfangs genügen ein paar Zentimeter Raumgewinn zur Seite. Klappen die Hopser im Rollen überhaupt nicht, kann ein Freund im Stehen von hinten den Sattel festhalten, damit man sich ungestört auf die Hüpftechnik konzentriert.

Die einfachste Erfolgskon-

nach beiden Seiten sein, das Hinterrad bleibt dabei möglichst auf einem Punkt. Mit dieser Hopser-Pirouette beschränkt man den Wendekreis des Bikes auf den Radstand.

Wer sich Großes vornimmt, versucht, das Vorderrad genau auf einen bestimmten

Das ist die optimale Haltung: der hintere Fuß drückt nach hinten oben gegen das schräggestellte Pedal, um sich zu verkeilen.

nach rechts übt. Daran denken: Solche Tricks immer nach beiden Seiten üben, vielleicht sogar noch mehr auf der Seite, auf die es zunächst schwieriger fällt. Im Gelände kann man es sich nicht raussuchen, nach welcher Seite man ausweichen oder auf eine Kante hinaufhüpfen will: Einseitigkeit ist nirgends gut. Das Vorderrad seitlich zu versetzen, fällt einem noch leichter, wenn man ganz langsam rollt. Dadurch muß man sich nicht auf die Balancehaltung konzentrieren. Man rollt, wird immer langsamer, bleibt schließlich fast stehen und

trolle sind Straßenmarkierungen. Du fährst genau an der weißen Linie entlang und versetzt das Vorderrad auf die andere Seite der Markierung. Kleine Steine oder ein Ast zwingen einen dazu, den Vorderreifen wirklich hochzuheben und über das Hindernis zu bugsieren. Höhere, aber immer noch ungefährliche Ansprüche stellen beispielsweise ein Schuhkarton oder Pappbecher, die man als künstliche Hürden aufbaut. Nach einer Übungsphase wagt man sich an größere Kreise. Ziel der Übungen sollte ein 360-Grad-Zirkel

Punkt zu versetzen - in schwierigen Trial-Passagen eine absolute Notwendigkeit. Wenn ich zum Beispiel den Vorderreifen auf einen Stein oder einen Baumstamm hinauflüpfe, um dann mit dem Hinterrad hinterherzuspringen, muß ich eine ganz bestimmte Stelle treffen, die ich mir vorher angeschaut habe, um von dort weiterzukommen. Oder als ich die "Wetten daß...-Show" auf dem Schwebebalken-Viereck gemacht habe: Vorder- und Hinterrad mußten an den Ecken der vier schmalen Holzbalken zentimetergenau umgesetzt werden, sonst wäre ich runtergefallen. Etwas schwieriger als vorne funktioniert die Technik, das Hinterrad zu versetzen. Für die Luftfahrt des Hecks ist die Fußstellung auf den Pedalen noch wichtiger als für den Trick, das Vorderrad zu lupfen. Die Kurbeln stehen wieder senkrecht, der vordere, der Schokoladefuß, übt dabei permanent Druck auf die Kette aus, um Spannung zwischen den Beinen und dem Bike herzustellen. Der hintere Fuß steuert das Hochreißen und die Seitwärtsbewegung, er braucht also noch innigeren Kontakt zum Pedal als bei den Fronthüpfern. Anders als beim Springen wird deshalb das hintere Pedal steiler gestellt und der Fuß drückt mehr nach hinten, fast schon wieder nach oben. Am besten stellst Du Dir vor, Du willst Deinen Fuß um das Pedal wickeln.

Jeder kommt zu Beginn seiner Bike-Karriere einmal in die Situation, daß beim scharfen Bremsen oder in einer steilen Abfahrt plötzlich das Heck hochkommt. Diese Luftfahrt des Hinterreifens verursacht zunächst einmal Unbehagen und läßt den Hobby-Biker ahnen, wie unangenehm doch eine Rolle vorwärts über den Lenker sein könnte. Doch wenn man Gefühl dafür entwickelt, ist der Kopfstand mit dem Bike kein Problem. Der "Endo", wie ihn die amerikanischen Trial-Fahrer nennen, bringt dicke Punkte in der B-Note und Feeling für das Bike. Willst Du seitlich auf eine Stufe hinaufhopsen, ist er unbedingt Voraussetzung. Und eine Kehrtwende um

RÄDER VERSETZEN ③

180 Grad ist das Höchste der Gefühle - doch für diese Heckschaukel bedarf es schon einiger Übung und Vertrautheit mit dem Bike, sonst kommst Du leicht ins Schleudern. Um das Hinterrad um die Ecke zu bringen, muß die Fußhaltung nochmals verfeinert werden. Ich richte dabei besonderes Augenmerk auf den hinteren Fuß. Denn der ist entscheidend dafür, ob man das Heck in die Höhe bringt und dann seitlich ausschwenken kann. Optimale Kontrolle über die Hinterhand erhält man nur, wenn der Fuß richtig Gas gibt, also wenn Du ihn mit Druck und Kraft gegen das Pedal stemmst.

SO ÜBT MAN DEN NOSE-STAND

Am einfachsten bekommt man ein Gefühl dafür, wenn man einen leichten Hang hinabrollt und dabei im Stehen die Vorderbremse zieht, bis das Hinterrad leicht hochkommt. Keine Angst, Überschlaggefahr besteht hier noch nicht und die ganze Aktion läßt sich auch ganz leicht kontrollieren: Blitzschnell die Vorderbremse loslassen und schon fällt das Heck wieder auf den Boden der Tatsachen zurück und man rollt weiter. Nach den ersten Zentimetern Luftfahrt des Hinterdecks kann man sich an höhere Weihen wagen und lehnt den Oberkörper

etwas mehr in Richtung Lenker und über den Vorbau. Dadurch wird die hintere Hälfte des Stollenflitzers automatisch stärker entlastet und schnuppert noch mehr Höhenluft. Je ruhiger und gelassener Du diese zugegebenermaßen anfangs ungewohnte Fahrsituation beherrschst, desto besser kannst Du Dich später auf das seitliche Versetzen des Hecks konzentrieren.

Den Bürzellift kann man nun noch weiter treiben: Man bleibt aus der Hangfahrt stehen und balanciert das Bike kurz aus, wie schon im ersten Kapitel beschrieben. Dann entlastet man ganz bewußt den hinteren Stollengummi, indem man nach vorne geht und versucht dann, mit Druck des hinteren Fußes aufs Pedal den Reifen vom Boden anzuheben, indem man beide Beine anzieht.

An diese Übung kann man sich auch herantasten, indem man die Fahrt auf der schiefen Ebene immer weiter verlangsamt und dabei schon das Hinterrad lüpft. Hast Du Dich an das Feeling gewöhnt und der "Nose-Stand", wie er im Fachjargon der Trickfahrer heißt, klappt in der Schräge ohne Probleme, versuchst Du das Gleiche auf der Ebene. Jetzt mußt Du entweder den Schwung aus der Fahrt mitnehmen und ausnützen, indem Du die Vorderradbremse relativ kurz und heftig anziehst und dabei wieder das Heck entlastest, oder Du probierst, wie schon aus der Hangfahrt, aktiv mit dem hinteren Fuß das Heck nach oben zu ziehen. Dabei solltest Du vorher in einer Linie bleiben, also darauf achten, den Lenker ganz gerade zu halten und möglichst beide Arme gleichmäßig zu belasten, um vorerst Gefühl für die Luftfahrt des Hecks zu bekommen und das Bike nur auf dem Vorderrad stehend kurzzeitig sauber auszubalancieren. Erst wenn man nach dem Lösen der Bremse - wenn beide Räder wieder auf dem Boden stehen - auch weiter ausbalancieren kann und in Ruhe steht, sollte man weiterüben.

Um nun das Hinterrad auf die Seite zu bringen, schlägt man einfach den Lenker in die Richtung ein, wohin der Seitenschlag gehen soll. Dann hebst Du, wie vorne beschrieben das Hinterrad an, und schwenkst mit einer Drehbewegung der Hüfte den Aufflieger aus. Je nachdem, welcher Fuß sich in der Schokoladestellung hinten befindet, kann der die Seitbewegung noch unterstützen. Um diese Drehbewegung aus der Hüfte einzuleiten, startet man am besten während des Anbremsens die Gegenbewegung, das heißt die Hüfte schiebt man zur entgegengesetzten Seite, um sie dann energischer und mit mehr Schwung zur gewünschten Richtung zu bewegen. Wenn das Hinterrad wieder gelandet ist, tritt man gleich wieder an und fährt weiter, um nicht erneut die Balance halten zu müssen. Meist landet man etwas schräg und kippt leicht ab, was man durch das Anfahren vermeiden kann. Erst wenn man den Seitschwenk besser beherrscht, versucht man, stehenzubleiben - das schult das Gleichgewicht und bringt mehr Fee-

ling für solche ungewohnten seitlichen Bewegungen mit dem Bike.
Auch für diese Übungen kann man mit kleinen Hilfsmitteln die Kontrolle ausüben: Eine Straßenmarkierung ist wieder das einfachste, Hindernisse aus Pappe oder kleine Äste, die man mit dem Hinterrad überhopst, sind gefahrlose Übungsobjekte.
Schafft man seitlich locker zwanzig Zentimeter, kann man am Randstein weitermachen, um Höhe zu schinden. Du fährst parallel zum Gehweg, hältst an und versuchst nun, nur das Hin-

terrad auf den Bordstein zu lüpfen. Am besten auch diese Bewegung immer auf beide Seiten ausprobieren und üben.
Jetzt kannst Du die ersten Hindernisse seitlich überwinden: Du hebst zuerst das Vorderrad auf den Randstein, dann gehst Du mit dem Oberkörper nach vorne und ziehst noch das Hinterrad hinauf.
Auf breiten und flachen Treppen in Parks oder großen Plätzen kommt man auf diese Weise alle Stufen hoch - das bringt absoluten Spaß und verblüfft die Zuschauer ungemein.

Um das Vorderrad zu versetzen, beugst Du die Arme, die Hüfte bleibt oberhalb des Sattels. Dann kippst Du ein wenig, streckst explosionsartig Beine und Arme und reißt den Lenker mit zur Seite.

4 LOCKER ÜBER HINDERNISSE

Das ist die hohe Kunst beim Trial: Mit der richtigen Technik kommst Du mit dem Bike über fast alle Hindernisse. Dabei kann man sich von kleinen Stolpersteinen bis zu meterhohen Hürden hinaufarbeiten.

"No way Rey" - mein Spitzname in Amerika bedeutet soviel wie: "Unmöglich, da kommst Du nicht drüber, das läuft nicht." Aber man schafft mit einem ganz normalen Mountainbike sogar Höhen bis eineinhalb Meter, auch wenn man diese extremen Tricks nicht in ein paar

In der Stadt begrenzt der Randstein den Vorwärtsdrang, Waldwege und Gebirgspfade werfen einem immer wieder Wurzeln und Stolpersteine zwischen die Räder. Statt vor jedem querliegenden Baumstamm abzusteigen, wirst Du mit den Trial-Tricks schon bald locker

dem Prinzip: Entlastung zum richtigen Zeitpunkt. Je höher das Hindernis, desto intensiver muß man entlasten und dafür den ganzen Körper einsetzen. Wir zerlegen den Rösselsprung in seine Bewegungsabschnitte, so daß Du Satz für Satz die Technik kennenlernst und üben kannst.

Wochen lernt. Ich fahre schließlich nicht umsonst seit zwölf Jahren als Profi Fahrrad-Trial. Aber die Grundtechnik, auf zwei Rädern alle Hürden zu überwinden, kann jeder lernen, wenn er die Ratschläge in diesem Buch beherzigt, fleißig übt - und nach dem Üben die Geschichte noch einmal liest. Denn jetzt fallen einem oft noch Details auf, die man zuvor gar nicht bemerkt und verwirklicht hat.
Wer mit seinem Mountainbike unterwegs ist, stößt immer wieder auf Hemmschwellen:

auf zwei Rädern drüberkraxeln. Das Mountainbike ist nämlich der ideale Gelände-Jeep: Es besitzt mehr Bodenfreiheit durch das höhere Tretlager, die dicken Stollenreifen beißen sich an Kanten oder auf Steinen gut fest und wirken als Stoßdämpfer bei der Landung. Der breite Lenker bringt mehr Hebelkraft, um das Vorderrad hochzureißen und eine bessere Kontrolle beim Steuern.
Selbst meterhohe Barrieren stellen für ein Bike kein Hindernis dar. Die optimale Hürdentechnik funktioniert nach

SO SCHÜTZT MAN SICH VOR ZAHNAUSFALL

Wer mit dem Bike über alle Grenzen will, sollte vorher ein paar Tips beachten: Das große Kettenblatt abschrauben, um es zu schonen oder einen wirksamen Schutz wie den "Rock-Ring" montieren - das schützt vor Zahnausfall. Wer sich selbst künstliche

Rampen, beispielsweise aus Steinen baut, kann alte Autoreifen zerschneiden und sie als Schutz auf die Hindernisse legen. Generell eignen sich Übungs-Barrieren aus Holz besser, weil sie Dein Bike-Material nicht beschädigen. Den Reifenluftdruck verringert man ein wenig: So paßt sich der Stollen-Gummi besser dem Gelände an und der Reifen beißt sich geradezu an Kanten fest. Der

Pneu darf aber beim Abdrücken vom Boden oder bei der Landung nicht auf die Felge durchschlagen.
Wenn Du auf ein Hindernis zufährst, sollte die Vorbereitung immer nach einem Grundschema ablaufen. Das übst Du am besten, bis es automatisch abläuft. So kannst Du Dich voll auf den Hürdensprung konzentrieren. Du fährst mit langsamer bis mittlerer Geschwindigkeit im Stehen an, das schlechte Pedal in der vorderen Position. Wenn es das Umfeld erlaubt, sollte man die Kanten immer im rechten Winkel anvisieren.

MIT ZUG UND DRUCK GEHTS AUFWÄRTS

Mit einem kurzen kräftigen Antritt und Zug am Lenker - wie bei einem Spar-Wheelie - hebst Du das Vorderrad aufs Hindernis. Je höher die Hürde, desto eher liftest Du die Vorderhufe. Durch die

halbe Kurbeldrehung in diesem Manöver kommt zum richtigen Zeitpunkt (das Vorderrad schon auf der Rampe, das Hinterrad noch am Boden) der Schokoladenfuß nach vorne in die waagrechte Position: Die ideale Ausgangsposition für den Heck-Hüpfer. Jetzt kommt die heiße Phase, in der Du Reaktion und Schnelligkeit brauchst: Sobald das Vorderrad sicher auf dem Hindernis rollt oder steht, hebst Du die Hinterhand. Je niedriger die Kante, desto mehr Zeit bleibt zwischen dem Hochlupfen des Bugs und der Entlastung des Bürzels.
Um die Schwellenangst zu verlieren, braucht man nicht den allerkleinsten Gang, im Gegenteil: In der Matterhorn-Übersetzung von 24 vorne und 32 hinten kurbelt man zwar heftig, bringt aber keinen Druck auf die Kette. Ohne den Startschub von unten bleibst Du am Boden kleben. Fährst Du eine "dicke Kette", wie es im Jargon für

Mit extremer Hindernistechnik bewältigt man sogar Hürden bis zu eineinhalb Metern Höhe.

eine hohe Übersetzung heißt, langt Dein Dampf für den Powerlift nicht aus. Ich selbst fahre im Training, im Wettkampf oder bei Shows fast immer die Übersetzung 26 zu 21 bei einer Kurbellänge von 170 Millimetern.

DER HINTERREIFEN BRAUCHT LUFT

Das Hinterrad liftet man auf das Hindernis, indem man die Füße in den Pedalen verkeilt (diese Grundtechnik ist in den vorhergehenden Kapiteln genau beschrieben) und den Körperschwung nach vorne ausnützt, um die Nachhut hoch- und nach vorne zu werfen. Wer das nötige Fingerspitzengefühl besitzt oder es trainiert, tippt sogar kurz die Vorderbremse an, um diesen Effekt zu verstärken: So beschleunigt man den Senkrechtstart des Hinterteils noch. Die Füße drücken dabei in den Pedalen nach hintenoben und den Oberkörper schiebst Du über den Lenker, je nach Höhe mehr oder weniger weit nach vorne. Versuche, den Bike-Bürzel so weit wie möglich nach oben zu wuchten - so hast Du mehr Zeit für die ganze Aktion und kannst einen Schubkarren-Effekt ausnützen: Das Heck des Rads schwebt hoch in der Luft und durch die-

So fährst Du über Hindernisse: Das Vorderrad mit einem kurzen Antritt auf den Klotz liften. Kaum hat der Pneu wieder ..

sen Aufschwung wird das Bike, eben wie eine Schubkarre, nach vorne geschoben. Diese Bewegung unterstützt man noch, indem man die Hände fest gegen den Lenker drückt und mit den Armen nach vorne schiebt. Landet der hintere Pneu auf dem Hindernis, tritt man einfach weiter. Diese Grundtechnik sollte sitzen, denn Du brauchst sie überall.

DAS TIMING ÜBT MAN AN DER TRAININGSHÜRDE

Am besten legt man sich zunächst einen Stock oder ein paar leere Dosen auf einen Weg und übt damit den Bewegungsablauf: Es geht darum, das Vorderrad darüberzuheben und zum richtigen Zeitpunkt die Nachhut zu entlasten - der hintere Gummi darf dabei die Übungshürde nicht berühren, sonst gibt's

... Bodenkontakt, schiebst Du die Hüfte leicht nach vorne und entlastest rechtzeitig das Hinterrad, bevor es ...

... an der Schwelle anstoßen kann. Bei höheren Hindernissen mußt Du das Heck früher hochziehen, damit das Kettenblatt nicht anstößt.

Punktabzug. Das ist eine einfache und ungefährliche Prüfung, die Erfolg an späteren Hemmschwellen verspricht. Dabei kannst Du aber nicht schummeln und die Technik in Zeitlupe ausprobieren: Rollst Du zu langsam, genügt der Schwung nach vorne nicht, um das Hinterrad übers Stöckchen zu heben. Düst man mit Karacho an, um sich irgendwie volle Kanne drüberzuwerfen, wird die Zeit knapp für den zweiten Lift und Dein Heck bleibt abrupt an der Schranke hängen. Erst wenn das Timing im Übungsparcours klappt, kann man sich an größere Hindernisse wagen, ideal wäre ein Baumstamm mit fünfzehn bis zwanzig Zentimetern Durchmesser. Damit sind wir am Ziel dieses Kapitels der Trial-Tricks: Mit dem Bike Hürden bis etwa

tenblatt nicht mit der Hürde anbandelt. Also aufgepaßt: Je größer die Barriere, desto schneller muß man entlasten - sonst knirscht's am Getriebe. Am besten sucht man sich einen Holzklotz oder einen Balken mit etwa zwanzig Zentimetern Dicke, den man auf einen Waldweg oder einen freien Parkplatz legt, wo es

tern sauber hochzulüpfen, brauchst Du doch ein gewisses Können. So übst Du die Grundtechnik in ganz einfachen und ungefährlichen Situationen, bis es im Schlaf klappt. Dann kommt Dir im Gelände kein Stolperstein mehr quer.
Jetzt kannst Du in Ruhe in Deinem privaten Hindernis-

zwanzig Zentimeter locker zu meistern, ohne aufzusetzen. Bei dieser Höhe braucht das Bike schon einige Luft unter den Stollen, damit das Ket-

niemanden stört. Den Klotz mit untergelegten Steinen oder Pflöcken im Boden fixieren, sonst rollt er weg, wenn man darauf fährt oder das Hinterrad hochhebt. Die Höhe entspricht in etwa einem Schuhkarton - dies mag manchem zu einfach und zu niedrig erscheinen. Aber wartet mal ab: Um das Bike auf ein Niveau von fünfzehn Zentime-

Parcours üben: Du pirschst Dich, in den Pedalen stehend, an das Hindernis mit mittlerer bis langsamer Geschwindigkeit an, die Kurbeln stehen dabei waagrecht. Dann holst Du das Pedal des Schokoladenfußes eine Achtelumdrehung zurück. Wenn sich das Vorderrad kurz vor dem Hindernis befindet, lupft man es durch einen kurzen Antritt und Hochreißen des Lenkers auf das Hindernis. Dann rollt man - mit den Kurbeln wieder in waagerechter Stellung -

über den Balken und sobald das Vorderrad aufsetzt, reißt man das Hinterrad nach oben, bevor das Kettenblatt oder der Hinterreifen an der Hürde Anstoß nimmt. Anfangs wirst Du schon noch ab und zu mit dem Baumstamm auf Tuchfühlung gehen. Wenn das Heck überhaupt nicht hochkommen will, mußt Du noch einmal im Flachland üben, was ich schon im zweiten Kapitel meiner Trial-Tricks beschrieben habe: Langsam rollen, die Füße fest mit Druck in den

Pedalen verkeilen, und jetzt das Hinterrad mit den Füßen hochlüpfen. Versuche, ganz schnell und dynamisch das Heck hochzureißen und dabei einfach weiterzurollen. Das muß irgendwann ganz flott und selbstverständlich klappen. Darum übst Du es auch in einem Rhythmus hintereinander, den Du vor Dir hersagst: Eins, zwei, drei - bei jeder Zahl muß der Hinterreifen in der Luft sein. So kannst Du die Bewegung automatisieren und brauchst Dich nur noch auf den richtigen Zeitpunkt zu konzentrieren.

SO KOMMT DER SCHOKOLADENFUSS NACH VORNE

Es gibt noch eine andere Anfahrts-Möglichkeit, die man später an höheren Herausforderungen braucht und gleich trainieren sollte: Man rollt mit dem schlechten Pedal in der vorderen Position an, und tritt - während man das Vorderrad anhebt - eine halbe Umdrehung weiter, so daß der Schokoladenfuß wieder in seine waagerechte Idealposition nach vorne kommt, wenn das Vorderrad auf dem Hindernis landet. In dieser Stellung fällt es Dir leichter, das Bike-Heck zu erleichtern. Dabei reicht es schon, sein Gewicht nach vorne zu verlagern und den Schubkarren-Effekt auszunützen, der das Fahrrad nach vorne befördert. Diese Bewegung verstärkt man noch,

So kommst Du auf Stufen hinauf: Wenn das Vorderrad oben ist, ziehst Du das Hinterrad an den Pedalen hoch und gehst mit dem Körper nach vorne.

4 LOCKER ÜBER HINDERNISSE

Erst wenn das Heck auf Höhe der Kante schwebt, schiebst Du den Lenker und das Bike unter Dir nach vorne, bis das...

indem man gegen den Lenker nach vorne drückt - die Lenkstange dabei immer geradehalten! Im Idealfall lupft man dabei das Hinterrad genau auf das Hindernis, obwohl es bei diesen Höhen in langsamer Geschwindigkeit auch darüber rollen würde. Die Körperbewegung gleicht dabei einer Welle, die sich der Geländeformation anpaßt. Der Körperschwerpunkt bewegt sich in einer aufsteigenden Linie von unten nach oben. Die Entla-

wegen einer Rinne verschlägt. Bei aller Körperspannung darfst Du aber nicht steif sein. Wenn Du mal hängenbleibst, mußt Du schnell das Fahrgestell zur Landung ausfahren - also erst mal ohne Haken üben.
Dies ist die Grundtechnik, die Du je nach Gelände, Bodenbeschaffenheit und Höhe des Hindernisses den Umständen anpassen mußt. Habe ich zum Beispiel wenig Anlauf, aber einen Absatz mit einem halben Meter, muß ich natür-

man den Klotz frontal überspringt. Im Gegensatz zum Bunny Hop jumpt man dabei fast aus dem Stand erst mit dem Vorderreifen auf die Barrikade, und dann mit dem Hinterrad hinterher. Du setzt dabei das Vorderrad genau auf die Rampe, wirfst dann den Körper mit dem Rad nach vorne und landest mit dem Vorderteil so weit wie möglich vom Hindernis entfernt, sodaß das Hinterrad möglichst ebenfalls genau auf der Hürde landet. Je größer die Hürde, desto extremer muß man das Bike dabei unter sich nach vorne schieben. Ab einer Höhe von etwa vierzig Zentimetern funktioniert diese Technik jedoch nicht mehr, weil dann das Vorderrad zu stark nach unten abkippt und der Pilot einen Flip über den Lenker provoziert. Zum Üben dieser Technik solltest Du Dir erst mit Hilfe unserer Fotos im Kopf die Bewegungsabläufe in richtiger Reihenfolge vorstellen, dann im Gehirnkino öfters abspielen und Dir einprägen: Erst der Hop aufs Hindernis, beide Bremsen ziehen, kurz ausbalancieren wenn nötig, dann den Körper mit dem Bike nach vorne-oben werfen und das Bike noch unter dem Körper nach vorne schieben, so daß der hintere Reifen auf der Kante landet. Das übst Du wieder am leichten Hindernis, zum Beispiel am Randstein, um das Feeling und Timing dafür zu bekommen. Dies ist eine Technik für fortgeschrittene Biker, die mit dem Balancieren keine Schwierigkeiten mehr haben und aus dem Stand nach vorne springen können.

...Hinterrad auf dem Hindernis gelandet ist. Dann ziehst Du die Hüfte wieder nach vorne und trittst weiter.

stung des Hecks muß dabei gar nicht übertrieben stark sein, man sollte aber, wie bei kleinen Sprüngen, engen Kontakt mit den Pedalen pflegen, indem man sich im Bike verkeilt. Der Kontroll-Blick nach vorne ist immer wichtig, damit das Vorderrad nach dem Hindernis weiterrollen kann und nicht gegen einen anderen Stein stößt oder der Lenker

lich kurz vor der Hürde etwas kräftiger beschleunigen und viel stärker entlasten. Geht es nach der Kante gleich wieder abwärts, muß ich darauf achten, daß das Vorderrad schön weiterrollt und nicht in einer Kuhle blockiert.

HOP-HOP ÜBER DIE HÜRDE

Es gibt auch den Hindernis-Hop nach vorne, bei dem

5 HEISSE ABFAHRTEN

*Wer steinige Abfahrten unter
die Stollenreifen nimmt, erfährt
manchmal schneller als
ihm lieb ist, was „Trial and Error"
bedeutet. Mit ein paar
Tricks bleibt man aber auch
bei anspruchsvollen Passagen
fest im Sattel.*

5 HEISSE ABFAHRTEN

Nur das Kettenblatt beschränkt die Stufenhöhe. Mit dem Po gehst Du weit hinter den Sattel, um die Neigung des Bikes aufzufangen. Würde man jetzt das Lot vom Körperschwerpunkt fällen, läge es hinter der Vorderachse: keine Kippgefahr für Roß und Reiter.

Runter kommen sie alle - aber wie? Man kann zwar jederzeit vom Bike absteigen und die steile Abfahrt per pedes statt auf den Pedalen absolvieren, aber die größere Herausforderung ist es natürlich, die Hürden im Sattel zu meistern. Trial-Abfahrten können allerdings genauso kraftraubend, anstrengend und ermüdend sein und an der Konzentration zehren wie die Bergauffahrt. Um sicher bergab zu kommen, muß man seine eigenen Grenzen kennen - diese Eigenschaft zeichnet den erfolgreichen Bike-Profi aus. Am besten und sichersten fährt man mit Köpfchen - auf dem natürlich ein Helm sitzt - und steigt vor schwierigen Passagen lieber einmal ab, bevor man sein persönliches Limit überschreitet. Erst wenn man die Grundtechniken gut beherrscht und das nötige Selbstvertrauen in der Sattel-tasche dabei hat, kann man

sich genau auf die knifflige Situation einstellen - so daß man das schafft, was man will und nicht das passiert, was man nicht will.

DIE AUGEN STEUERN DAS BIKE MIT

Das hört sich einfacher an, als es ist: Für die Technik in Trial-Abfahrten bedeutet dies, daß man sich auf die Idealspur konzentriert und nicht auf den Stein, der im Weg liegt - sonst prallt man unweigerlich dagegen. Wie der Skianfänger, der vor Angst, dagegenzufahren, den einzigen Baum auf der Piste anstarrt und genau deswegen draufdonnert. Die Augen- und Kopfsteuerung funktioniert auch beim Biken: Fixierst Du den Stolperstein auf dem Weg, lenkst Du unwillkürlich genau an diese Stelle.
Also mußt Du Dich mit Deinen Augen auf die ideale Spur

Die optimale Haltung für Trial-Abfahrten: Du stehst auf den waagerecht gestellten Pedalen, Arme und Beine sind leicht gebeugt, die Hüfte befindet sich oberhalb und hinter dem Sattel. Der Blick konzentriert sich auf die optimale Spur rund fünf bis zehn Meter vor dem Vorderrad. So weicht man größeren Hindernissen aus oder passiert Brocken und Rinnen mit Ausgleichsbewegungen des Körpers.

konzentrieren. Diese Linie bei einer Abfahrt zu finden, ist nicht immer leicht - man kann die Fährtensuche aber regelrecht trainieren. Oft muß man in Sekundenbruchteilen entscheiden, welche Spur die richtige ist - ob man links an der Stufe vorbeisteuert oder die Rinne rechts liegenläßt. Die beste Linie zu wählen, hängt von der eigenen Erfah-

SICHER IN DER FAHRRINNE

Auf dem holprigen Rollfeld entscheidet die Steuerkunst des Piloten: Wenn das Vorderrad auf der idealen Linie rollt, hoppelt das Hinterrad von selbst hinterher, ohne Schaden zu nehmen. Man belastet es auch kaum, weil man ja auf den Pedalen steht. Man sucht sich möglichst den

Gräben eignen sich da schon eher als Fahrrinnen. Darin tauchen oft weniger Hindernisse auf, weil sie vom Regenwasser weggeschwemmt wurden.
Lange, schwierige Trial-Abfahrten können einen Einsteiger schon mal entmutigen. Man steht oben, schaut hinunter, und denkt: Da komme ich nie runter. Ein-

rung und vom Können, also der Selbsteinschätzung ab. Ein guter Fahrer rollt noch über eine Stufe, die ein Einsteiger umschiffen muß.

einfachsten Weg, umfährt große Brocken und meidet Rillen, die so schmal sind, daß das Vorderrad verkantet, wenn man lenkt. Breitere

faches Gegenrezept: Solche Schüttel-Pfade teilt man in einzelne Abschnitte ein und sucht erstmal eine Linie in diesen Kurzstrecken. Man sollte ruhig stehenbleiben und in Ruhe die Piste analysieren, oft findet man dann eine Spur, die man zuvor nicht entdeckt hat. Zerlegt man das Trial-Menü in kleine, leichtverdauliche Häppchen, ist man eher unten, als man zuvor geglaubt hat. Gerade zu Beginn der Trial-Karriere fällt es leichter, erstmal kürzere Passagen auszuprobieren, und durchzuschnaufen - so sammelt man wieder Kraft und Konzentration.

ERST IM KOPF - DANN AUF DEM KURS

Mentales Training betreibt heute jeder Spitzensportler. Auch beim Trial-Fahren hilft einem diese Technik, sauber und kontrolliert die Gelände-

hürden zu meistern. Ich halte oft noch einmal vor einer extremen Passage und schaue mir die Situation genau an. Dann stelle ich mir vor, wie ich diese Passage meistern könnte und fahre die Strecke in Gedanken ab. Ich sehe vor meinem geistigen Auge, wo ich hinunterfahre und welche Bewegungen ich dazu ausführe. Kurze Passagen, im Trial-Parcours zum Beispiel, geht man auch zu Fuß ab und simuliert im Kopf genau den Bewegungsablauf auf dem Rad. So funktioniert die Koordination auf dem Bike dann besser. Beim Trial gilt: Ganz oder gar nicht. Wenn jemand mitten in einer schwierigen Situation Angst bekommt und versucht, sein Manöver abzubre-

chen, gibt's Probleme. Man sollte zwar immer darauf gefaßt sein, plötzlich absteigen zu müssen oder einen Fuß auf den Boden zu

Treppen fährt man wie kleine Hänge: Arme und Beine locker, die Hüfte befindet sich über und hinter dem Sattel.

HEISSE ABFAHRTEN

5

bekommen. Wenn man sich aber den Bewegungsablauf genau vorgestellt hat - erfolgreich natürlich - geht man nach diesem Bewegungs-

daß sie nicht hängenbleiben und man blitzschnell den Körperschwerpunkt verlagern kann. Wichtig: Neue Schwerpunkte setzen. Das Gewicht,

Hinterreifen und ich liege mit der Brust auf dem Sattel auf. Aus dieser Position kann ich auch schnell nach hinten absteigen und das Bike nach

Im "Tripodding" rutscht man steile Passagen hinab: die Brust auf dem Sattel, der Po fast auf dem Hinterrad.

muster im Kopfkino vor, ohne an einen Not-Stopp zu denken.

NEUE POSITIONEN – NEUER SCHWERPUNKT

Bei Trial-Downhills braucht man Bodenfreiheit, also fährt man immer im Stehen, die beiden Pedale waagrecht, so

also Po und Hüfte, hängt hinten - so hat man mehr Zeit, zu reagieren und das Bike macht keinen Heck-Meck mit erhobener Hinterhand, wenn man gegen ein Hindernis stößt. Eine Handbewegung bringt mehr Spiel-Raum: Den Sattel auf halbmast stellen oder eventuell sogar bis zum Anschlag hineinschieben. In extremen Situationen streift nämlich mein Po fast auf dem

vorne wegschieben, anstatt die Flug-Rolle über den Lenker einzustudieren.
Im Trial-Downhill ist der ganze Kerl gefordert. Bei aller moderner Technik am Mountainbike wie etwa Federgabeln, bleibt das beste Dämpfungssystem immer noch der eigene Körper. Mit den Armen und vor allem den Beinen gleicht man ständig Stöße und Unebenheiten auf

dem Weg aus, damit Vorder- und Hinterrad so viel wie möglich auf dem Boden bleiben. Dazu darf man nicht steif oder verkrampft im Sattel sitzen, sondern mit angespannten Muskeln, aber gebeugten Armen und Beinen das Bike steuern.

MIT DEM DREIBEIN GEHT'S GANZ SICHER

Extrem steile oder rutschige Passagen, die man sich selber fast nicht mehr zutraut, an denen man aber trotzdem nicht absteigen möchte, absolviert man mit einer Technik, die die amerikanischen Biker "Tripodding" nennen ("Tripod" heißt Dreibein oder Stativ): Man stützt ein Bein auf der Hangseite ab und rutscht auf beiden Reifen und auf diesem Stützfuß den Berg hinunter. Um noch mehr Sicherheitsreserven rauszuholen, schlägt man das Vorderrad ein wenig gegen den Berg ein, der Po hängt weit hinten und die Brust preßt den Sattel aktiv nach unten, um mehr Druck auf den hinteren Reifen zu geben. Dabei zieht man beide Bremsen an. Wird man zu schnell, steuert man gegen den Berg, steigt nach hinten ab oder kippt das Bike am Lenker gegen den Hang.

Bleibst Du mit beiden Füßen auf den Pedalen, kontrollierst Du die Geschwindigkeit über beide Bremsen, wobei Du die hintere Zange im Steilen ganz fest anziehen kannst und mit der vorderen Bremse dann die Feindosierung steuerst. Kontrolliertes Tempo heißt aber nicht, daß man immer absolut langsam, fast im Ste-

hen, hinunterrollt. Gerade auf steinigen, alpinen Wegen mit wirklich grobem Schotter oder steilen Waldpfaden mit Wurzeln muß man dem Vorderrad auch einmal seinen Lauf lassen, den Lenker vielleicht sogar ein wenig lockerer nehmen - so findet das

Bike seinen eigenen Weg des geringsten Widerstandes. Oft verläuft auf einem Weg eine Linie wie ein Bachbett, und ich folge dann der Spur, die das Wasser nehmen würde. Bei mittlerer Geschwindigkeit mußt Du schon aufpassen, daß das Bike nicht aus dem Ruder gerät, aber mit dem richtigen Schwung läuft es manchmal besser, als wenn man im Schneckentempo an

Wurzeln oder kantigen Steine hängenbleibt und dann absteigen muß.

IM SPRUNG ÜBER DROP INS

Die größten Probleme bereiten vielen Bikern steile, abfal-

So übst Du "Drop ins", die man an steilen hohen Stufen braucht: Du fährst am Randstein im Stehen an, das schlechte Pedal steht an der Kante vorne. Direkt am Rand trittst ...

lende Stufen, die fast senkrecht bergab gehen und an denen das Kettenblatt fast aufsetzt, auf englisch genannt "Drop ins" - die Schwellenangst ist größer als die Anforderung. Diese Drops sollte man so langsam wie möglich anfahren und dabei den Lenker ganz gerade halten. Das Gewicht liegt wieder ein wenig hinter dem Sattel. Du ziehst am besten beide

es blockiert, rutscht es automatisch dem Vorderrad hinterher.

SO FUNKTIONIERT DER WHEELIE ÜBER DIE KANTE

Noch höhere Kanten, an denen das Kettenblatt beim Hinunterrollen aufsetzt, bewältigt man mit einem kleinen Sprung nach unten: Man schanzt über die Kante und landet auf dem Hinterrad, kurz bevor das Vorderrad wieder den Boden berührt. Eigentlich ist es ein Wheelie abwärts. Rollt das Vorderrad an die Kante, tritt man kurz

...Du kräftig an und reißt gleichzeitig den Lenker nach oben, während Du in die Pedale steigst, so daß Dein Bike weiterrollt und..

...nach dem Sprung wieder auf dem Hinterrad landet. Den Touchdown fängt man ab, indem man Knie und Arme gleichzeitig beugt.

Bremsen, wenn möglich nur mit jeweils zwei Fingern, um den Lenker noch fest im Griff zu haben. Kurz nachdem das Vorderrad über die Kante gerollt ist, reißt Du den Lenker ein wenig nach oben: Durch diesen Trick landet der Vorderreifen nicht in der Kuhle gleich nach der Schanze, sondern kommt weiter vorne auf. So wird der Aufprallwinkel kleiner, und das Vorderrad blockiert nicht. Durch die flachere Landung verrin-

HEISSE ABFAHRTEN

5

gert man gleichzeitig das Risiko, über den Lenker zu gehen. Während des Absprungs verlagerst Du das Gewicht hinter den Sattel. Das Hinterrad rollt einfach die Kante hinunter - selbst wenn

an und dreht das Pedal eine halbe Umdrehung nach vorne. Diese Technik erfordert ein gutes Timing, damit die Füße bei der Landung in die richtige Position gelangen, um die Aufprallkräfte abzudämpfen.

5 ***HEISSE ABFAHRTEN***

Selbst extrem hohe Absätze meisterst Du mit der Schanztechnik: in der Luft darauf achten, daß Du das Bike gerade hältst. Das Vorderrad bleibt dabei immer etwas höher als der Hinterreifen, damit ...

Diese Technik für Fortgeschrittene kann man an kleinen Schanzen üben - nimm den Randstein als Startrampe für die ersten Übungen. Du schaltest in eine kleine Übersetzung - etwa 26 vorne, 21 hinten - fährst im Stehen mit geradem Lenker im rechten Winkel von oben an den Bordstein, so daß der schlechte Fuß vorne ist. Dann

trittst Du kurz an und reißt das Vorderrad am Lenker nach oben - Du darfst dann nicht aufhören zu treten, sondern mußt die halbe Kurbelumdrehung vollenden, während das Vorderrad in der Luft schwebt, bis das Hinterrad über die Kante rollt. Dadurch kommt Dein Schokoladefuß nach vorne in die ideale Position.

"WEICHE KNIE" BEI DER LANDUNG

Während der ganzen Aktion ziehst Du immer leicht am Lenker, so daß das Hinterrad vor dem Vorderrad auf dem Boden landet. Das schont Rahmen und Gabel. Zusätzlich federst Du beim Touchdown in den Beinen und Armen ein wie eine Katze, um

...das Heck zuerst landet. Dein Körperschwerpunkt sollte genau mittig über dem Hinterrad liegen. Bei solch hohen Sprüngen...

Bike landen, sonst kann es leicht die Felge verbiegen, weil die Kräfte schräg auf sie einwirken.

Ich habe mir im Training bei den Übungen am Randstein immer ganz schwierige Stellen vorgestellt, und war dann genauso aufgeregt, als wenn ich wirklich von einem ein Meter hohen Stein springen würde. Wenn man sich entsprechend stimuliert, gibt das das nötige Selbstvertrauen, das man für die wirklich schweren Passagen benötigt. Stürze oder Verletzungen passieren meist dann, wenn man ein Manöver mittendrin abbricht, weil man unsicher wird.

Bei allen Technik-Tips gibt es keine Standardformel für alle

...wird die Landetechnik sehr wichtig. Ich gehe immer extrem in die Knie und beuge die Ellenbogen stark ab, um die Wucht des Aufpralls so gut wie möglich abzudämpfen. Vorsicht: Bei solchen Tricks übernimmt kein Hersteller mehr eine Garantie für Schäden.

die Kräfte abzudämpfen. Auf diese Art habe ich schon Sprünge aus drei Metern Höhe absolviert, ohne daß am Bike etwas kaputt ging. Aber Vorsicht: Kein Hersteller gibt für solche Tricks Garantie auf Rahmen, Gabel oder gar die Felgen. Wer Sprünge ausprobiert, muß immer mit Schäden am Bike rechnen, die

dann auf eigene Kosten gehen. Nicht jeder hat einen großzügigen Sponsor wie ich. Entscheidend bei dieser Schanztechnik ist, daß Du weitertrittst, wenn das Vorderrad über die Kante geht und das Hinterrad zuerst landet. Außerdem solltest Du gerade und mit dem Körpergewicht zentral über dem

Situationen - jede Geländeformation sieht anders aus, so daß man alle Manöver immer wieder variieren und neu entscheiden muß, welche Linie man wählt. Dazu gehört auch die Entscheidung, lieber einmal öfter abzusteigen und ein Stück zu Fuß zu gehen, bevor man stürzt und danach unsicher wird.

6 BUNNY HOP

Bodenkontakt bedeutet beim Biken zwar Sicherheit,
doch ab und zu muß man den Boden der Tatsachen
verlassen: Am besten mit einem Bunny Hop, dem Sprung
auf zwei Rädern. Dabei gibt es zwei Varianten:
Den Bunny Hop mit extremer Weite oder mehr Höhe.
Hier beide Varianten des Sprung-Manövers.

◆6 BUNNY HOP

Hop-Weltrekord auf einem Mountainbike liegt derzeit bei 1,01 Metern (40 Inches).

DER STOPPELHOPSER MACHT GELÄNDEGÄNGIG

Geländegängiger ist die "normale" Hop-Technik. Beim Standard-Sprung erfolgt der Start mit beiden Rädern

Der Bunny Hop als Hochsprung mit dem Bike: Aus mittlerem Tempo, den Schwerpunkt hinter dem Sattel, rollst Du an und reißt knapp vor dem Hindernis das Vorderrad hoch.

Kurz danach muß das Hinterrad den Höhenflug antreten. Um Kraft zu sparen und weiter nach oben zu kommen, ziehst Du das Heck knapp vor der Hürde steil nach oben und schiebst dann ...

Wer ihn einmal sieht, möchte ihn sofort lernen, wer ihn kann, braucht ihn immer wieder. Der Bunny Hop bringt Spaß und Sicherheit im Gelände und sein größter Vorteil: das Manöver ist ganz einfach zu üben und auch Einsteiger heben mit dem Häschen-Sprung schnell ab. Wer die bisherigen Trial-Tricks aus diesem Buch beherrscht, tut sich leicht. Denn die Stollen-Hopser funktionieren im Prinzip genau wie die Hindernisüberquerungen: Durch die Spannung im Körper und den Druck auf die Pedale lupft

man das Bike locker in die Höhe.
Beim Bunny Hop scheiden sich die Geister in zwei verschiedene Stil-Varianten: Eine Technik erprobt man an höheren Hürden, sozusagen der Bike-Hochsprung. Dabei ziehst Du das Hinterrad unmittelbar nach dem Vorderrad in die Luft. Der Bunny

gleichzeitig, um bei höherer Geschwindigkeit ein niedriges Hindernis oder eine Rinne links liegen zu lassen oder man springt im Asphaltdschungel auf den Randstein. Je nach Tempo kommt man damit 20 bis 30 Zentimeter hoch und etwa einen Meter weit.
Wie alle Trial-Techniken funk-

...den Lenker nach vorne, so daß Dein Bike wieder unter den Körper kommt. Wichtig in dieser Phase: Mit den eingespreizten Füßen das Heck ganz stark nach oben ziehen, damit der Hinterreifen nicht anbandelt.

tioniert der Bunny Hop nur unter Druck: Man verkeilt sich selbst über die Füße in den Pedalen und die Hände am Lenker, um so das Bike in die Luft ziehen zu können. Wie in einem Startblock pressen sich die Füße gegen die Pedale nach hinten, die Hände spannen sich gegen die Griffe. Geht man nun ruckartig in die Knie und springt nach oben ab, klebt das Bike geradezu an den Sohlen und Fingern und hebt ab. Der Körperschwerpunkt liegt beim Absprung etwa in der Mitte des Bikes. Der Oberkörper ist also nach vorne gebeugt, ein wenig über dem Lenker, die Hüfte bleibt oberhalb des Sattels, damit man in die Knie gehen und Schwung holen kann.

Die Landung: Versuche, auf beiden Reifen gleichzeitig zu landen und beim Aufkommen die Arme und Beine stark zu beugen, um die Aufprallkräfte wegzunehmen. Den Lenker gerade halten, damit das Vorderrad nicht verschlägt.

Für maximale Sprunghöhe schiebst Du Dein Bike weit nach vorne und oben. Wenn Du den Lenker drehst, kommt das Heck höher.

IM TIEFFLUG SICHERER

Im Gelände sollte die Flugphase so kurz wie möglich
gehalten werden, um alles
unter Kontrolle zu behalten.
Das bedeutet, Du springst so
spät wie möglich vor dem
Hindernis ab, damit Du keine
Langstreckenflüge brauchst
und Kraft sparst. Und man
möchte ja auch nicht, daß das
Hinterrad gegen die Hürde
knallt - dies kann passieren,
wenn man zu früh abspringt
oder das Bike nicht hoch
genug reißt. Je höher Deine
Startgeschwindigkeit ist,
desto schneller mußt Du reagieren und alle Bewegungs-

abläufe koordinieren. Also
üben wir die Gesamtbewe-
gung wieder langsam und
kontrolliert, um sie dem Körper einzuprägen, damit sie
später schnell und unter Streß
genausogut klappt.
Zur Vorübung legst Du Dir
einen Stock auf den Weg. Du
fährst an, die Kurbeln in waagerechter Stellung, reißt das
Vorderrad über den Stock
und wenn es wieder am
Boden ist, liftest Du das Hinterrad schnell darüber, bevor
es die Marke berührt. So
bekommst Du das Gefühl für
die Technik und das Timing,
im richtigen Moment gezielt
das Hinterrad hochzuheben.
Das ist die Grundvoraussetzung, beim Bunny Hop tat-
sächlich beide Räder gleichzeitig in die Luft zu bekom-

men. Um die Hindernisse
wirklich ohne Anstoß zu
bewältigen, muß das Hinterrad ja die gleiche Flughöhe
erreichen wie das Vorderrad.

KLEINE HOPSER BRINGEN ROUTINE

Bei der nächsten Übung rollst
Du langsam mit Deinem Bike
auf einem Parkplatz oder
einem ebenen glatten Waldweg und versuchst lauter
kleine Hopser, bei denen
beide Räder gleichzeitig vom
Boden kommen. Die ersten
Sprünge müssen gar nicht
hoch sein, entscheidend ist
nur, daß Du wirklich Luft unter
beide Räder bekommst. Du
drückst blitzschnell und ruckartig Lenker und Pedale nach
unten in den Boden und
ziehst dann Arme und Beine
an. So unterstützen die Rück-
prallkräfte der dicken Stol-
lenwalzen das Abheben.
Wenn die ersten Hopser
klappen, intensivierst Du die
Kraft und die Bewegung: Vor
dem Absprung gehst Du
bewußter und tiefer in die
Hocke und versuchst, das
Bike immer schneller nach
oben zu reißen, ohne an Luft-
hoheit einzubüßen.
Das Vorderrad bekommt man
ziemlich simpel nach oben -
man zieht einfach senkrecht
am Lenker an. Beim Lift des
Hinterrades bringt erst die
richtige Beinarbeit das
Erfolgserlebnis: Du verkeilst
bei waagrecht gestellten Kurbeln die Füße in den Pedalen,
wobei das hintere Pedal
(nicht die Kurbel!) fast schon
wieder senkrecht steht - weil
Du nach hinten oben drücken
mußt, um das Pedal durch

◆6 BUNNY HOP

**Sicherheitstraining: Den
Parallel-Bunny Hop be-
nötigst Du in der Stadt, um
auf den Randstein zu
jumpen. Zur Übung springt
man seitlich runter – so
bekommt man ein Gefühl
für das Tempo und die
Sprungweite.**

Kraft mit Deinem Fuß zu verbinden. Deswegen funktioniert diese Technik im Prinzip ganz ohne Pedalhaken - auch wenn man später die Haken nutzen kann, um noch höher zu springen.

Jetzt geht es an ungefährliche Hindernisse, wie einen Stock, genug, versuchst Du nochmal kleine Nose-Wheelies: also nur das Hinterrad liften. Du rollst langsam und ziehst das Heck an den Pedalen hoch. Wenn Du dabei den Oberkörper Richtung Lenker schiebst, hebt der Hinterbau leichter ab.

gleichzeitig, wie der Absprung. Man kann auch zuerst auf dem Hinterrad landen, die Beine federn den Aufprall ab und schonen so das Material. Den Vorderreifen zuerst zu erden kann ziemlich gefährlich werden: Gabel, Nabe und Speichen

Foto-Trick: Anstatt zu fahren, springst Du mit mehreren Hopsern über Felsen. Das sieht aus, als würdest Du darüberfliegen.

einen Besenstiel oder eine liegende Dose, die Du mit mittlerer Geschwindigkeit überhopst. An den kleinen Stolpersteinen merkst Du genau, ob das Hinterrad über den Dingen steht oder nicht. Als Startbahn eignet sich am besten eine leicht abschüssige Piste oder Straße. So kannst Du locker runterrollen und konzentrierst Dich ganz auf Deine ersten Hüpfer. Kommt das Heck nicht hoch

VORBEREITUNG ZUR LANDUNG

Im Übungsparcours ist die Landebahn natürlich frei und geräumt, im Gelände sollte man aufpassen, daß man nicht auf Hindernissen oder in Löchern aufsetzt. Der Lenker muß kurz vor dem Aufsetzen immer gerade stehen, damit es ihn nicht verschlägt. Der Bodenkontakt erfolgt am besten auf beiden Rädern

müssen ganz schöne Kräfte schlucken und quittieren das zuweilen mit heftigem Stöhnen oder gar Knacken. Den Häschen-Sprung übt man immer und überall: Du springst über ungefährliche natürliche Hindernisse wie hochwachsende Grasbüschel, einen Fleck, oder über Pfützen und Äste. So bekommt man ein Gefühl fürs Timing und die Flugphasen. Fühlt man sich sicher, steigert

1

Anlauf zum Standard-Sprung: Mit Speed und gebeugten Armen und Beinen kommst Du an die Gelände-hürde. Kurz vor dem Absprung...

2

... drückst Du noch-mal kurz das Bike nach unten, um die Rückprallkraft der Reifen zu nützen und streckst ruckar-tig Arme und Beine.

man mit der Geschwindigkeit Flughöhe und -weite.

HOCHSPRINGER FAHREN LANGSAMER

Um höher zu springen, muß

man die andere Variante des Bunny Hops üben. Man hebt das Vorderrad früher als das Hinterrad und schiebt das ganze Bike unter dem Körper nach vorne. Im Prinzip funk-tioniert diese Sprungtechnik wie bei einem Turnierpferd: Es hebt zuerst die Vorderhufe und zieht dann die Hinterhand noch über den Sprung.

Um das Bike besser manövrieren zu können, stellt man den Sattel auf halbmast. Ein gutes Übungsgelände wäre

Die hohe Schule des Bunny Hops wendet man bei mittlerer bis langsamer Geschwindigkeit an, um das Bike wirklich konzentriert nach oben ziehen zu können. Um mehr Gefühl für den Bewegungsablauf in der Luft zu bekom-

den Sattel bis auf Anschlag hinein. Top-Fahrer ziehen bei Wettbewerben Schuhe mit dünnen weichen Sohlen an, um mehr Grip und Gefühl aufs Pedal zu bringen.

Je höher die Hürde, desto steiler zieht man den Lenker

Vorder- und Hinterrad starten fast gleichzeitig. Die Füße pressen sich gegen die Pedale und ziehen so das Heck mit nach oben.

eine ganz kurz gemähte Wiese, ein relativ glatter Feldweg oder ein leerer Parkplatz, auf dem man ungestört alles ausprobieren kann. Zum Üben baut man sich eine kleine Hochsprung-Anlage: Zwei Latten mit Nägeln in regelmäßigen Abständen, auf die man eine Sprunglatte legt, die herunterfällt, wenn man dagegenstößt. Man steckt sie in den Boden oder nimmt Ytong-Steine oder Flaschen als Halter.

men, übt man den Absprung zunächst ohne Hindernis. Man rollt langsam an und reißt den Lenker nach oben, sofort danach muß das Hinterrad ohne Verzögerung folgen. Sind beide Reifen in der Luft, schiebt man das Bike mit dem Lenker nach vorne, bis die Arme gestreckt sind und der Po sich über dem Hinterrad befindet. Mit den Füßen liftet man das Bike hinten so hoch wie möglich. Bei größeren Höhen schiebt man deshalb

nach oben bis zum Bauch und schiebt ihn dann ruckartig nach vorne, während das Hinterrad noch steigt. Durch das nach Vorne-Schieben kommt das Hinterrad auf die gleiche Höhe wie das Vorderrad. Ein kleiner Trick, um diesen Effekt noch zu verstärken: man beugt die Handgelenke, als ob man den Lenker nach vorne unten drehen wollte - durch diesen Dreh-Impuls wandert der Hinterbau noch nach oben.

Bunny Hop-Profis üben die Rekordjagd an aufeinandergestapelten Schachteln oder Pappkartons, das dämpft zugleich die Landung, wenn der Überflieger scheitert. An festen Hindernissen bekommt man leicht Schwellenangst und sollte Baumstänmne und ähnliche massive Teile nicht zum Objekt der Sprungbegierde machen.

Was quer geht, funktioniert auch längs: Den Parallel-Bunny Hop brauchst Du, um beispielsweise in der Straße den Randstein hochzuspringen, oder Hindernisse, die in Fahrtrichtung liegen, wie Rillen oder tiefe Fahrspuren auf Feldwegen zu überwinden.

„HÄSCHEN HÜPF" MAL PARALLEL

Im Prinzip funktioniert der Häschen-Seitensprung genauso wie der Vorwärtshopser: Zum Absprung gehst Du in die Hocke und springst los in die Richtung, in der Du landen willst. Der Körper geht der geplanten Bewegung lediglich voraus: Du beugst

Je nach Geschwindigkeit und Absprung fliegt man etwa 30 bis 40 Zentimeter hoch und ein bis zwei Meter weit, bevor die Schwerkraft wieder zupackt und den Überflieger....

den Oberkörper zu der Seite, nach der Du abheben willst, springst ab und ziehst in der Luft das Bike nach, so daß es wieder unter dem Körper steht.

Den Seitensprung aus voller Fahrt übt man erstmal auf sicherem Terrain, ohne Erschwerniszuschlag: Auf einem Parkplatz überhopst Du die aufgemalten Linien. So stellt man fest, bei welchem Tempo man wie weit kommt. Je nach Geschwindigkeit ergibt auch der Parallel-Hop bis zu zwei Meter Raumgewinn nach vorne.

 **BUNNY HOP**

Eine relativ ungefährliche Übung ist auch, den Randstein hinunterzuhüpfen: So lernst Du, weit genug zur Seite zu kommen und auch sauber wieder zu landen. Erst wenn Du Dich auf diese Art sicher fühlst, kannst Du auch den umgekehrten Weg gehen, besser gesagt, springen: Von unten nach oben, auf den Randstein hinauf.

...nach unten zieht. Dein Körperschwerpunkt sollte während der Luftfahrt in der Mitte über dem Bike bleiben, damit bei der Landung beide Räder gleichzeitig aufkommen. Dabei die Hüfte leicht hinter den Sattel schieben und den Lenker geradehalten.

7 SO ROLLT MAN RÜCKWÄRTS

Wenn nichts mehr vorwärtsgeht, fährst Du einfach rückwärts. Auch ohne eingebauten Rückwärtsgang kannst Du mit dem Bike nach hinten rollen, um vor einem Hindernis neu zu starten. Einmal richtig Schwung holen – und schon geht's zurück.

Rückwärtsrollen funktioniert mit jedem Fahrrad, nicht nur mit einem Kunstrad, das eine starre Hinterradachse ohne Freilauf besitzt. Viele Leute glauben, daß ich beim Rückwärtsfahren nach hinten trete, doch das stimmt nicht. Der einzige Grund dafür ist, daß sich die Kurbeln beim Rückwärtsrollen automatisch mitdrehen, sonst rollt das Bike nicht. Der Auslöser fürs Rückwärtsrollen ist nur der Schwung, der aus Deinem Körper kommt. Mit dem richtigen Balancegefühl kannst Du ziemlich lange rückwärts fahren. Wenn Du Dein Gewicht optimal einsetzt, rollst Du aus dem Stand bis zu sieben Meter weit. Dabei kann man auch eine Kurve oder sogar eine Rückwärtswende fahren. Wie das funktioniert, erfährst Du etwas weiter hinten in diesem Kapitel.

Das Rückwärtsrollen ist nicht nur ein Show-Trick ohne praktischen Nutzen, im Gegenteil. Man kann diesen Trick in Trial-Sektionen und auch beim ganz normalen Biken im Gelände immer wieder brauchen. Wenn ich den Lenker einschlage und rückwärts einen Halbkreis fahre, kann ich auf engstem Raum umkehren, ohne absteigen zu müssen. Im Trial-Wettkampf muß man oft noch einmal den Anlauf verlängern, um mehr Schwung zu holen oder sich nach einem mißglückten Versuch eine neue Position zu suchen. Anstatt mit mehreren kleinen Hüpfern das Bike wieder in eine günstige Ausgangslage zu bringen, rollt man einfach zurück, um neu zu starten. Natürlich muß man

7 SO ROLLT MAN RÜCKWÄRTS

Mit einem "Endo" holst Du Schwung fürs Rückwärtsfahren. Dabei den Lenker gleichmäßig belasten und den Körper genau mittig halten.

Sobald das Hinterrad aufkommt, drückst Du Hüfte und Oberkörper über die Arme nach hinten und trittst mit den Pedalen gleichzeitig rückwärts.

dabei schon vorher den Weg genau anschauen, weil man während des Rollens nicht auf seine Spur achten kann. Schon kleine Hindernisse können einen beim Rückwärtsrollen aus der Balance bringen, weil sie nicht zu sehen sind und daher ganz unerwartet kommen.

WIE ÜBT MAN DAS RÜCKWÄRTSROLLEN?

Das Rückwärtsrollen auf dem Bike besteht aus zwei Abschnitten: Dem Schwungholen und dem Rollen selbst. Am besten übt man diese beiden Teile getrennt und setzt sie dann wieder zu einer einzigen Bewegung zusammen. An einer ganz leichten Steigung eignet man sich das Gefühl und die Balance für das Rückwärtsrollen an, ohne sich groß anzustrengen. Das Rückwärtsrollen ist anfangs ungewohnt, weil man entgegengesetzt lenken muß und die Balance nicht einfach durchs Treten wiederherstellen kann. Man kippt sehr leicht zur Seite ab und muß üben, auch beim Nach-Hinten-Rollen das Gleichgewicht zu halten. Dazu sollte Dein Übungsparcours einen möglichst gleichmäßigen Untergrund aufweisen, am besten Asphalt oder ein ganz glatter Grashang ohne Wellen und Hindernisse.
An diesem Übungshang lernt man, die Arme gestreckt zu halten und nach hinten mitzutreten. Du stellst Dich auf die Pedale, der Oberkörper lehnt über dem Lenker. Um das Tempo zu kontrollieren, zieht man beide Bremsen. Am Hang sollte man solange üben, bis die Rückwärtsfahrt über mehrere Meter ohne Unterbrechung gelingt. Die Balance und das Feeling müssen sitzen. Rollt man gut geradeaus, probiert man kleine Schlangenlinien, indem man ganz leicht den Lenker einschlägt. Sozusagen als Brems-Schwung übst Du, den Lenker relativ flott, aber nicht zu stark einzuschlagen, bis das Hinterrad schon wieder bergauf rollt. Dadurch wird man automatisch langsamer. Doch Vorsicht: Dabei darfst Du das Vorderrad nicht zu hektisch oder brutal einschlagen, sonst kann es blitzschnell umschlagen - und dann wird's brenzlig. Später, wenn man sicherer ist, kann man mit einem "Roll out" oder einem "180er" ganz elegant die Fahrt in die gleiche Richtung wieder vorwärts fortsetzen.

WIE HOLT MAN IN DER EBENE SCHWUNG?

Um das Gleiche in der Ebene oder sogar bergauf zu schaffen, muß man sich den Schwung statt aus dem Hangabtrieb aus dem eigenen Körper holen. Die Energie für das Rückwärtsfahren entsteht aus einer Gegenbewegung. Dazu wendet man einen kleinen Trick an: Du bremst aus langsamer Fahrt mit der Vorderbremse, bis das Hinterrad ein wenig hochkommt.

7 SO ROLLT MAN RÜCKWÄRTS

1 Der 180-Roll out: Wie im zweiten Kapitel beschrieben, schlägst Du den Lenker ein und hebst das Hinterrad an, um es in die ...

2 ... Richtung zu drehen, in die Du das Vorderrad eingeschlagen hast. Mit den Füßen und der Hüfte schwenkst Du das Heck um 180 Grad ...

Sozusagen ein kleiner kontrollierter Endo, der sehr gerade und ausbalanciert ausfallen muß.
Sobald das Hinterrad wieder nach unten fällt, läßt man beide Bremsen los und reißt gleichzeitig mit einer schnellen Bewegung den Oberkörper nach hinten. Dabei streckst Du die Arme ganz lang aus, damit Du den Lenker gerade hältst und Dein Gleichgewicht auf dem Bike stabil.
Du solltest versuchen, möglichst in einer geraden Linie nach hinten zu rollen. Falls das Bike auf eine Seite abkippt, lenkst Du auf die Gegenseite, um die Balance wieder herzustellen. Sehr wirksam sind auch kleine Hüpfer mit beiden Rädern, um sie wieder in eine Spur zu bringen. Klappt das Rückwärtsrollen dabei überhaupt nicht, muß man nochmals

zurück auf den Übungshang. Viele Biker vergessen auch, sofort mit den Pedalen mitzutreten, wenn sie den Oberkörper nach hinten werfen. Dadurch blockiert der Freilauf

und man kann nicht rückwärtsrollen. Daher sollte man sich diese Bewegungskombination einprägen und gesondert trainieren, bis die Koordination wie von selber klappt. Beim Rückwärtsrollen kann man immer wieder neu Schwung holen und damit die Fahrt verlängern. Du beugst den Oberkörper einfach nach vorne und reißt das Bike mit einem kräftigen Ruck nochmals nach hinten.

schlägst Du den Lenker ein, in die Richtung, in die Du weiterfahren willst. Du drehst den Lenker um etwa 45 Grad, ziehst die Vorderbremse, kickst mit Schwung das Heck nach oben und während das Hinterrad in der Luft ist,

drehst Du den Lenker weiter in die gleiche Richtung. Sobald man aufkommt, läßt man die Vorderbremse los, schlägt den Lenker leicht in die gleiche Richtung weiter ein und rollt rückwärts in einem Halbkreis aus. Dabei

3 ...bis Du entgegengesetzt der Fahrtrichtung wieder aufsetzt. Jetzt kommt's: Wenn das Hinterrad aufsetzt ...

4 ... reißt Du wie beim Rückwärtsfahren den Oberkörper nach hinten und trittst mit den Pedalen rückwärts.

ZWEI HEISSE MANÖVER

Das Rückwärtsrollen läßt sich gut mit anderen Tricks kombinieren, wie dem "180-Roll out": Man verbindet eine 180 Grad-Drehung auf dem Vorderrad mit dem Rückwärtsrollen, um den Trick elegant zu beenden. Dazu mußt Du allerdings die 180-Grad-Wende auf dem Vorderrad beherrschen, wie sie im zweiten Kapitel dieses Buches beschrieben ist.
Hier noch einmal die Kurzbeschreibung: Du rollst an in mittlerer bis langsamer Geschwindigkeit, Pedale in der Waagrechten. Jetzt

5 Dadurch beschreibt das Bike einen Halbkreis. Vorsicht: Du darfst nicht zu stark den Lenker einschlagen, sonst kippst Du nach innen ab.

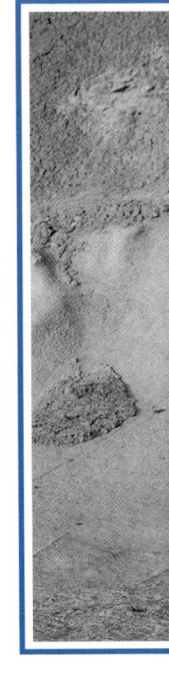

🔷7 SO ROLLT MAN RÜCKWÄRTS

darfst Du nicht vergessen, mit den Pedalen unbedingt nach hinten mitzutreten, sonst blockiert der Freilauf. Das Rückwärtsrollen muß bei diesem Trick schon wie von selbst klappen. Dann drehst Du schnell den Lenker in die neue Richtung oder reißt das Vorderrad mit einem kleinen Hüpfer noch ganz um 180 Grad herum und fährst nach vorne weg.

Um den Schwung nach hinten zu bekommen, mußt Du Druck auf den Lenker ausüben. Vorsicht: Nicht zu stark einschlagen, sonst dreht das Bike zu schnell weg und Du

kippst ab. Am Anfang wird das ganze Manöver noch sehr ruckhaft aussehen und Du wirst oft zwischendrin absteigen. Doch je besser Du die einzelnen Abläufe dieses Tricks beherrscht, desto leichter wird die Verbindung der einzelnen Phasen fallen. Klappt der "180 Roll Out" in einem einzigen Durchgang, kannst Du daran arbeiten, den Gesamtablauf möglichst fließend und harmonisch zu gestalten und alle Bewegungsabläufe mit wenig Energie zu absolvieren, so daß der Trick noch flüssiger und schwereloser erscheint.

Das ganze Manöver kann man auch umdrehen. Dann heißt es "Roll back 180": Aus dem Rückwärtsrollen schlägst Du den Lenker ein und drehst das Vorderrad um 180 Grad, so daß Du wieder nach vorne weg fahren kannst. Dazu braucht man aber relativ viel Schwung beim Rückwärtsfahren, am besten von einer kleinen Rampe oder einer Steigung am Weg. Das Timing dabei gestaltet sich sehr schwierig. Du solltest perfekt rückwärts fahren und optimal balancieren können.

Während des Tricks mußt Du mehrere Dinge gleichzeitig beachten und verschiedene Bewegungsabläufe koordinieren. Das Rückwärtsfahren muß automatisch klappen, denn nun mußt Du Dich auch noch darauf konzentrieren, zum richtigen Zeitpunkt die Hinterradbremse zu ziehen. So funktioniert der "Roll Back 180": Sobald der Schokoladenfuß vorne ist, zieht man die Hinterrradbremse. Gleichzeitig tritt man ins Pedal, um die Kette zu spannen und sich im Bike zu verkeilen und reißt das Vorderrad nach oben, um genügend Höhe zu bekommen. Dann ziehst Du es möglichst weit zur Seite und nach vorne. Je steiler man das Vorderrad nach oben reißt, desto einfacher dreht das Hinterrad auf einem Punkt, so daß man die Drehung schneller und leichter durchführen kann.

Sobald das Vorderrad wieder aufkommt, mußt Du das Bike kurz ausbalancieren und dann nach vorne wegfahren. Wie beim umgekehrten Manöver, dem "180 Roll Out", ist die harmonische Verbindung der einzelnen Bewegungsabläufe am schwierigsten und erfordert sehr viel Training und Übung mit dem Bike.

6 Für eine 180 Grad-Wende braucht man sehr viel Schwung und Balancevermögen. Meist schafft man den Halbkreis nicht ganz. Dann lüpfst Du einfach das Vorderrad am Lenker noch...

7 ... ganz herum und beendest das Manöver, indem Du wieder in die Fahrtrichtung weiterrollst, aus der Du gekommen bist.

STATUE OF LIBERTY

**Zugegeben, die echte Freiheitsstatue
sieht ein wenig imposanter aus.
Aber als Schluß einer Show bringt der
Freestyle-Trick „Statue of Liberty"
jede Menge Ap plaus.**

Der Aufstieg zur Statue. Du setzt den Fuß dicht an den Sitzstreben aufs Hinterrad. Den zweiten Fuß klemmst Du zwischen Hinterrad und Sattelrohr und ziehst den Lenker nach oben. Du mußt schnell und entschlossen den Vorbau nahe an Deinen Körper bringen. Um das Gleichgewicht zu halten...

Eine witzige Einlage und gleichzeitig ein gutes Balancetraining: Die "Statue of Liberty" ist eigentlich ein reiner Show-Teil und im Gelände überhaupt nicht zu gebrauchen. Aber diese Kunstfigur bringt Dir sehr viel Balancegefühl für die Fahrtechnik und mehr Vertrautheit mit dem Bike.
Die Freiheitsstatue auf dem Bike besteht im wesentlichen aus zwei Tricks: An den richtigen Stellen auf den Hinterreifen zu steigen und die Bremse zu ziehen, damit Dir das Bike nicht unter den Sohlen davonrollt. Mit kleinen Hopsern, ähnlich wie bei den Backwheel-Hops, fällt es Dir leichter, die Balance zu halten. Dazu muß man nicht zu
großen Sprüngen ansetzen. Wenn Du nur ein wenig im Reifen einfederst, genügt das vollkommen.
Man kann auch aus dem Fahren, beziehungsweise aus dem normalen Balancestand, die Haltung der "Statue" ein-
nehmen, doch aus dem Stand ist es einfacher.
Du stellst Dich neben das Bike, auf die Seite, an der der Hebel für die Hinterbremse montiert ist. An den meisten Bikes die rechte Seite, dort wo die Kettenblätter

sind. Ich selbst habe schon seit Jahren meine Bremszüge ummontiert. Die hintere Bremse ist bei meinem Bike an der linken Seite, die vordere rechts. So sind es auch viele Motorradfahrer gewohnt, die oft ihre Bremskabel am Mountainbike entsprechend austauschen.
Man stellt das Bike fast senkrecht hoch und hält es so am Lenker fest, daß es seitlich vor einem nur auf dem Hinterreifen steht. Einen Fuß plazierst Du nun auf dem Hinterreifen, ganz nahe an der Cantilever-Bremse (oder der U-Brake, je

nach Ausstattung), gleichzeitig ziehst Du die hintere Bremse an.
Nun steigst Du auch mit dem anderen Bein auf den Hinterreifen auf, der zweite Fuß stellt sich dabei zwischen das Hinterrad und das Sitzrohr. Die Füße sind also etwa zwanzig Zentimeter voneinander entfernt. Das funktioniert nicht bei allen Bike-Rahmen. Wenn der Platz zwi-

schen dem Hinterreifen und dem Sitzrohr zu eng ist, weil Dein Bike extrem kurze Kettenstreben hat, kommt man mit dem Schuh nicht mehr dazwischen. In diesem Fall kann man den zweiten Fuß auch direkt auf das Sitzrohr stellen. Dabei ist der Halt schlechter als auf dem Reifen. Du brauchst griffige Gummisohlen oder Du klebst ein rauhes Tape aufs Sitzrohr,

... federst Du mit dem Hinterreifen ein und hopst ein wenig, so daß Dein Körperschwerpunkt über die Hinterradachse kommt. Dabei ...

... ziehst Du ständig die Hinterradbremse. Bist Du fit im Balancieren, kannst Du für ein paar Sekunden eine Hand vom Lenker nehmen.

damit Du nicht abrutscht. Natürlich mußt Du vorher alle überflüssigen und störenden Teile in diesem Bereich abmontiert haben, wie Luftpumpe, Schutzbleche oder Gepäckträger. Solche Teile sind bei Freestyle-Tricks generell im Weg und Du solltest wegen der Verletzungsgefahr darauf verzichten. Sofort nach dem Aufsteigen fängt man mit kleinen senkrechten Hopsern an. Sie müssen gar nicht groß sein, aber sie helfen, die Balance zu halten, weil der Schwerpunkt genau über der Hinterradachse liegen muß. Dabei versetzt man das Hinterrad nur um wenige Zentimeter und versucht, immer mit dem Körpergewicht über der Hinterradachse zu bleiben. Wenn der Schwerpunkt zu weit nach außen wandert, kann man oft die Balance nicht mehr korrigieren. Außerdem drohen auf diese Weise Schäden am Bike: Wenn zuviel seitliche Kraft aufs Hinterrad einwirkt, kann sich schon mal die Felge verbiegen.

Bei der "Statue of Liberty" können im Training andere Hilfestellung leisten. Zwei kräftige Freunde stützen Dich

am besten auf beiden Seiten ab, damit Du erstmal das Gefühl für diesen Balancestand bekommst und Dich damit vertraut machen kannst.

Anfangs wirst Du nur wenige Sekunden aufrecht stehen und auch beide Hände noch am Lenker behalten. Doch je öfter Du übst, desto länger wird Dir diese Freestyle-Figur gelingen. Bist Du in der Balance ziemlich sicher, probierst Du aus, eine Hand vom Lenker wegzunehmen - natürlich die Hand an der Vorderbremse. Die hintere Bremse

muß die ganze Zeit gezogen sein, sonst wird die ganze Figur zu instabil.

Da Du nur einen Radumfang vom sicheren Boden entfernt bist, bereitet auch das Absteigen oder der schnelle Abbruch des Tricks keine Probleme. Bevor das Bike abkippt, sollte man schnell abspringen, damit man nicht durch die Hebeleinwirkung über die Füße auf das Hinterrad die Felge verbiegt.

Das ist eigentlich schon der ganze Trick. Fortgeschrittene und Könner probieren die "Statue of Liberty" direkt aus

Das sind die entscheidenden Stellen: Den hinteren Fuß plazierst Du unterhalb des Sattels nahe an den Sitzstreben, denn Du stehst bei der Figur genau über der hinteren Achse.

dem Balancestand. Du stehst auf den waagrechten Pedalen möglichst ruhig. Dann stellst Du aus dem Balancieren einen Fuß nach hinten auf den Reifen und reißt sofort den Lenker nach oben, bis das Bike fast senkrecht steht. Jetzt mußt Du blitzschnell den zweiten Fuß an der schon beschriebenen Stelle plazieren und ein wenig hopsen, um die Balance zu finden. Doch diese Variante klappt nur, wenn Du den Trick, auf dem Hinterrad zu stehen, schon im Schlaf beherrscht.

Den zweiten Fuß klemmst Du zwischen den Hinterreifen und das Sitzrohr. Dabei muß das Hinterrad mit der Bremse blockiert sein, sonst kann man leicht abrutschen, wenn sich der Reifen bewegt.

8 STATUE OF LIBERTY

9 WHEELIE

Wer zwei Räder optimal beherrscht, kommt auch mit einem einzigen aus: Der Wheelie, das Fahren auf dem Hinterrad, gehört in jede Bike-Show und bringt Dir ein super Balancegefühl für alle anderen Kunststücke und Fahrsituationen.

◆**9** **WHEELIE**

Der Wheelie ist eines der am meisten unterschätzten Kunststücke mit dem Bike. Bei einem Profi sieht es total leicht und easy aus, wenn er meterweit nur auf auf dem Hinterrad rollt. Doch wer den Wheelie beherrscht, hat schon viele Stunden ins Biken investiert. Dieser Trick ist nämlich viel schwieriger, als er ausschaut. Sogar Profis aus dem Worldcup kommen manchmal zu mir und lassen sich die Technik für den Wheelie erklären. Die technisch guten Fahrer im Worldcup können ihn aber alle, vor allem die ehemaligen BMX-Cracks wie John Tomac oder Greg Herbold.

Neben dem Show-Effekt kann man den Wheelie auch im Gelände brauchen: Oft muß man das Vorderrad anheben, um über ein Hindernis zu fahren oder man lupft den Lenker, weil man unbeschadet über eine Rinne oder eine Pfütze kommen will. Außerdem bringt dieses Kunststück viel Gefühl fürs Bike und erhöht die Fahrsicherheit. Beim Heck-Roller kommt es vor allem auf zwei Dinge an: Den Balancepunkt zu treffen und das Bike mit der Hinterradbremse so zu dirigieren, daß man auch in der Balance

bleiben kann. Denn der Trick funktioniert nach dem Prinzip Stop and Go: Droht das Bike nach hinten überzukippen, tippt man leicht den Bremshebel an - für hinten natürlich -, und schon fällt das Vorderrad nach unten. Durch kräftigeres Treten und Zug am Lenker bringt man das Vorderteil wieder auf die Höhe. Nur wenn der Schwerpunkt von Bike und Fahrer genau über der Hinterachse liegt, befindet man sich in der optimalen Position. Das Vorderrad krampfhaft hochzureißen und irgendwie in der Luft zu halten, mag wie ein Wheelie ausschauen. Doch spätestens nach einigen Metern packt die Schwerkraft wieder zu und zieht das Vorderrad

nach unten - aus ist's mit der Schau.

Um das Vorderteil zu lüpfen, sollte Deine Kette vorne auf dem kleinen Kettenblatt und hinten auf einem mittleren Gang liegen, ich fahre meistens mit der Übersetzung 26-19: In diesem Gang ist das Drehmoment klein genug, um mit Power das Vorderrad hochzubringen, und man muß nicht viel zu schnell kurbeln, wenn man auf dem Hinterreifen rollt.

Auch wenn es am Anfang ungewohnt erscheint, sollte man mit dem Schokoladenfuß in der hinteren Position anfangen. Wenn das schlechte Pedal zuerst vorne steht, dann hat man das gute Pedal beim Weitertreten

vorne und kann mit mehr Gefühl weitertreten, um die Balance zu halten. Zum Antritt für das Heck-Solo stellt man die Kurbel auf die Ein-Uhr-Stellung, also zwischen senkrecht und waagerecht, etwa parallel zum Unterrohr. Aus dieser Position, die man auch zum Anfahren benutzt, bringt man am meisten Druck aufs Pedal. Und noch ein Tip: Den Sattel vorher auf halb-mast stellen. Wie in schwieri-gen Geländepassagen muß der Sitz nach unten. Damit liegt der Schwerpunkt tiefer und näher an der Hinterachse beim Wheelie, so daß man sich sicherer fühlt als auf dem Hochsitz. Der Luftdruck am hinteren Reifen kann normal bleiben, etwa drei Bar. Wenn

der Reifen zu weich ist, kann er ebenfalls wegrutschen, das sollte man vermeiden.
Weil Du Dich beim Wheelie voll und ganz auf Dein Bike und Dich konzentrieren mußt, brauchst Du eine möglichst ruhige Spielwiese, am besten einen großen leeren Park-platz. Das ideale Übungsge-lände wäre eine ganz leichte Steigung oder eine breite asphaltierte Rampe. Der Untergrund sollte glatt und eben sein, sonst kommt man leicht aus dem Rhythmus. Der Trick dabei: Durch die Schräge muß man das Vor-derrad nicht so steil anheben und man wird beim Treten nicht so schnell wie in der Ebene, so daß man die Balance in Ruhe austesten

kann. Im Flachen muß man oft gleich nach dem ersten Antritt wieder bremsen, weil man zu schnell wird - schon kippt das Vorderrad wieder, weil man noch nicht die richtige Dosie-rung für die Bremse beherrscht.
Um ein Gefühl für das Hoch-reißen des Vorderrades zu bekommen, übt man es ein-fach ein paar Mal hintereinan-der: Aus der beschriebenen Pedalstellung trittst Du kräftig an und ziehst gleichzeitig mit gestreckten Armen am Len-ker. Meistens kommt dabei das Vorderrad so schnell hoch, daß man vor lauter Erstaunen vergißt, weiterzu-treten. Darum übt man diese wichtige Anfangsphase meh-rere Male und konzentriert sich darauf, nach dem Hoch-reißen auch wirklich weiterzu-kurbeln. Geht einem dieser Start zu schnell und zu heftig, zieht man einfach die Not-bremse: Sobald Du die Hin-terradbremse kräftig packst, fällt das Vorderrad wieder nach unten, oft schneller, als einem lieb ist. Wichtig: Bevor das Vorderrad unten ange-kommen ist, muß man den Lenker unbedingt geradestel-len, sonst kann man böse auf die Seite abschmieren. Durch den tiefer gestellten Sattel kommt man jedoch schnell und sicher wieder mit den Füßen auf den Boden der Tatsachen.
Selbst wenn man es nicht

Mit Balance- und Fingerspitzengefühl steuert man den Wheelie. Die abge-spreizten Knie verhin-dern das seitliche Abkippen.

mehr schafft, die Notbremse zu ziehen, passiert bei einem verunglückten Wheelie-Versuch wenig: man rutscht einfach nach hinten aus dem Sattel und hält den durchgegangenen Gaul am Zügel, sprich am Lenker, fest. Dieses Absteigen nach hinten sollte man üben - so bleibt man unverkrampft und kann sich mit dem Oberkörper unbeschwerter nach hinten legen, ohne Angst, sich zu überschlagen. Auch wenn man es im Bike-Alltag gewohnt ist, sollte man beim Wheelie auf Haken und Riemen oder Clickpedale verzichten, damit man schnell einen Fuß auf die Erde bringt.

Bei diesen ersten Einrad-Metern spürt man, wie sensibel das Dressur-Stahlroß reagiert - man kippt oft seitlich ab. Um das zu vermeiden, zieht man beim Start so gleichmäßig wie möglich am Lenker. Zum Balance-Ausgleich sollte man die Knie nach außen wegstrecken. Beim Knie-Abspreizen stehe ich sogar manchmal richtig seitlich, nur noch mit der Außenkante des Fußes, auf dem Pedal. Um ganz ruhig zu balancieren, sind außerdem meine Arme ausgestreckt und ich lehne mich wie im Schaukelstuhl nach hinten. Man kann mit den Beinen sehr viel ausgleichen. Auch mit dem Lenker und den Armen arbeitet man Gleichgewichtsstörungen entgegen. Bei

Den "No-Footed Wheelie" kontrolliert man nur durch die Hinterradbremse und durch Zug am Lenker.

◆9 WHEELIE

geringer Geschwindigkeit fallen die Korrekturen leichter und feiner aus. Bei höherem Tempo neigt man dazu, überzukorrigieren und kippt dann gleich wieder auf die andere Seite ab.

Ist das Vorderrad einmal oben, tritt man einfach weiter, am besten in einem bestimmten Rhythmus, und korrigiert mit Bremse und Antritt die Balance und die Geschwindigkeit. Sobald Du Dich zu stark nach hinten neigst, ziehst Du ganz leicht an der Hinterradbremse. Dadurch kippt der Lenker nach unten. Dann trittst Du sofort wieder stärker in die Pedale und ziehst den Lenker nach oben. Auf diese Art pendelst Du ständig ganz leicht um den Balancepunkt vor und zurück. In der optimalen Lage ist das Vorderrad ungefähr einen halben Meter hoch in der Luft, Deine Arme sind ausgestreckt und Dein Oberkörper ist gerade nach hinten geneigt, als ob Du im Lehnstuhl sitzt. Vom Tempo her mußt Du das richtige Mittelmaß finden. Ganz langsame Wheelies, etwa im Schritttempo, sind sehr schwierig, das beherrschen nur wenige ausgesprochene Gleichgewichtskünstler. Eine Geschwindigkeit, die in etwa lockerem Lauftempo entspricht, ist am einfachsten zu beherrschen. Wenn ich schnelle Wheelies fahre, schalte ich sogar während des Einradfahrens einen Gang höher. Dazu muß man den Trick aber schon sehr gut beherrschen.

Wenn's beim Wheelie zu schnell geht und man immer wieder stark bremsen muß, sollte man einen Gang hochschalten oder Wheelies an einer Rampe bergauf üben. Kommt das Vorderrad überhaupt nicht hoch, schaltet man ein Ritzel nach unten, so entwickelt man beim Antritt mehr Drehmoment. Wichtig ist auch, daß der Zug am Lenker und der Druck aufs Pedal gleichzeitig erfolgen. Um den Aufwärtstrend zu verstärken, solltest Du aus ganz geringem Tempo, fast aus dem Stand, zum Höhenflug starten.

Für das Einradfahren braucht man eine gewisse Ausdauer: Man sollte sich den Wheelie als Langzeit-Ziel setzen, diesen Trick lernt man nicht in einer Woche. Man kann sich die Bewegungsabläufe und die Haltung immer wieder mal im Kopf durchspielen, und beim Biken auf jeder Tour ein wenig üben und sich an die optimale Balance heranarbeiten. Ein Vierteljahr Training sollte man schon einkalkulieren.

Den Wheelie gibt es in mehreren Variationen, im Sitzen, im Stehen, einhändig, oder sogar freihändig. Der Sitzwheelie ist einfacher als der Steh-Wheelie. Im Stehen ist das Rad viel unruhiger, die Balance ist viel schwieriger zu halten, weil sich der Körper selbst auch noch bewegt, statt im Sattel

Den Wheelie im Stehen benötigt man, wenn man von hohen Hindernissen hinunterspringt. Du fährst vor dem Absprung im Wheelie an, um auf dem Hinterrad zu landen, ohne mit dem Kettenblatt an der Kante aufzusetzen.

zu sitzen. Außerdem ist es viel anstrengender, weil man seine ganze Kraft braucht, um das Vorderrad nach oben zu ziehen. Einarmige Wheelies gelingen nur, wenn man sich fast ständig in der optimalen Balancehaltung befindet. Müßte man ständig mit einer Hand am Lenker ziehen, würde das Bike schnell auf eine Seite abkippen.

Wer den Wheelie beherrscht, trainiert den Ein-Hand-Whee-

lie. Du nimmst einfach die Hand an der Seite der Vorderbremse weg. Der Arm am Lenker bleibt gestreckt, man kann auch das Vorderrad leicht nach einer Seite einschlagen, um die Balance zu retten. Beim einhändigen Wheelie ist der Oberkörper mehr in der Mitte als nach hinten gelehnt. Du darfst die Hand erst wegnehmen, wenn Du wirklich ausbalanciert bist. Ganz coole Typen winken dann den Zuschauern mit der freien Hand zu. Aber dabei nicht vergessen, auf die Fahrbahn zu achten - sonst mußt Du wegen dem Gipsarm vier Wochen nur noch Einhand-Wheelies üben.

⬥ 10 ⬥ NOSE-WHEELIE

Zum Nose-Wheelie braucht man Balance, Fingerspitzengefühl und ein kleines Gefälle – schon rollst Du auf dem Vorderrad. Der Trick schaut unheimlich spektakulär aus, ist aber mit ein wenig Übung gar nicht so schwer.

Auf einem glatten steilen Untergrund gelingen Nose-Wheelies am besten: Vorderradbremse ziehen und sobald das Hinterrad weit genug oben ist, läßt Du die Bremse leicht wieder los.

Der Nose-Wheelie, das Fahren auf dem Vorderrad, funktioniert nur mit der richtigen Neigung. Wie beim Wheelie auf dem Hinterrad wechseln sich nämlich Bremsen und Beschleunigen ab. Doch bei diesem Trick bist Du abhängig vom Hangabtrieb. Ohne das entsprechende Gefälle läuft gar nichts. Die optimale Schräge für einen Nose-Wheelie liegt etwa bei 30 Grad. Ein sehr glatter, ebener Untergrund erleichtert den Trick. Für die ersten Übungsroller sucht man sich am besten einen Grashang, der keine Unebenheiten, Wellen oder gar Löcher aufweist. Auf Gras ist die Gefahr sich zu verletzen immer geringer als auf

Asphalt. Für einen Balance-Trick wie den Nose-Wheelie muß die Übungswiese absolut trocken und griffig sein. Ungeeignet sind Wege mit Schotter oder Kies. Denn man rollt ja nur auf dem Vorderrad, das ganze Gewicht und die Steuerung lasten auf dem vorderen Pneu allein. Wenn nun das Vorderrad blockiert oder wegrutscht, ist der Sturz programmiert. Aus dem gleichen Grund sollte auch der Grashang keine Unebenheiten aufweisen. Der kleinste Maulwurfshügel oder eine Welle können den Biker

**Beim "No-Footed Whee-
lie" stemmst Du Dich mit
gestreckten Armen gegen
den Lenker fest im Sattel
ein. Wenn Du beide Brem-
sen ziehst, kannst Du dich
besser im Bike verkeilen.**

bleibt fast stehen, weil der
Hangabtrieb den einzigen
Antrieb darstellt.
Im Prinzip funktioniert der
Nose-Wheelie genau umge-
kehrt wie der normale Whee-

lie: Hier ziehst Du die Hinterradbremse, falls das Bike
nach hinten umzukippen
droht, beim Nose-Wheelie
läßt Du einfach die Vorderradbremse los, damit das
Heck wieder nach unten fällt.
Wie die meisten anderen
Trick-Manöver probierst Du
den Nasenstüber, während
Du auf den Pedalen stehst.
Die Kurbeln stehen waag-
recht, die Hüfte schwebt
ober- und etwas hinterhalb
des Sattels, den man sicher-
heitshalber tiefer gestellt hat,
damit man nicht daran hängenbleibt. So vermeidet man
auch - falls das Heck zu stark
nach oben kommt - einen
regelrechten Kick

aus dem Gleichgewicht bringen und in einer unfreiwilligen
Arthofer-Imitation enden.
Je steiler der Übungshang,
desto weniger hebt das Hinterrad vom Boden ab. Außerdem wird es in sehr steilen
Abfahrten bei Stürzen gefährlich, weil man nur schwer
anhalten oder stehen kann.
Wählt man dagegen eine zu
flache Rampe, ist das Auslö-
semoment für einen Nose-
Wheelie zu gering und man
muß zu viel Kraft investieren,
um den Bürzel zu lüpfen.
Außerdem rollt man zu langsam auf dem Vorderrad und

**Du darfst dabei nicht nach
vorne rutschen. Je tiefer der Sattel, desto niedriger liegt auch Dein
Schwerpunkt. Droht das Bike trotzdem
nach vorne überzukippen, läßt Du blitzschnell die Bremsen los.**

vom Sattel zu bekommen.
Wie bei allen Techniken sollte
Dein Schokoladenfuß vorne
stehen, der eingelegte Gang
ist in diesem Fall egal, weil
man überhaupt nicht in die
Pedale tritt.
Sehr wichtig dagegen ist die
Einstellung der Bremse.
Deine Vorderradbremse muß
für diesen Trick optimal
justiert sein und das Vorderrad blockieren können. Bevor
Du Dich an den Nose-Wheelie
wagst, kannst Du mit ver-
schiedenen Übungen den

Druckpunkt Deiner Bremse
erfühlen: Rolle ganz langsam
in der Ebene und konzentriere
Dich nur auf die Vorderradbremse. Ziehe sie langsam
und gleichmäßig an, bis das
Vorderrad zum Stillstand
kommt. So merkst Du, ab
wann die vordere Zange
immer kräftiger zupackt, bis
das Rad fast blockiert.
Probiere in der Ebene
"Endos" aus. Endos, wie sie
die Amerikaner nennen, sind
kleine Nose-Stands. Das
heißt, Du stehst auf dem Vor-

derrad und das Hinterrad
schwebt kurze Zeit in der
Luft. Das schaffst Du, indem
Du die Vorderradbremse kräftig anziehst, das Gewicht
nach vorne über den Lenker
verlagerst, und die Füße, die
Du in den Pedalen verkeilst,
nach oben mitziehst.
Der Nose-Wheelie ist im Prinzip nichts anderes als ein
hoher Endo, bei dem man auf
dem Vorderrad rollt, indem
man die Vorderbremse löst.
Du kannst Dich nun mit den
Endos an den Nose-Wheelie

🔟 NOSE-WHEELIE

herantasten. In einem leichten Gefälle übst Du Endos und läßt schnell die Bremse los, so daß das Hinterrad nach unten fällt. Das ist auch gleichzeitig die Notbremse oder das sicherste Manöver, um einen Nose-Wheelie zu beenden. Sobald Du die Blockade des Vorderrades beendest, plumpst das Heck des Bikes auf den Boden. Hast Du mit den Endos keine Probleme mehr, kannst Du Dich in steileres Gelände wagen. Durch die Vorderrad-

Mit "Endos" übst Du das Gefühl für den Nose-Wheelie. Pack die Vorderbremse und laß das Hinterrad hochkommen. Wenn Du die Bremse löst, fällt das Heck sofort nach unten.

unbelastet in der Luft hängt. Die seitliche Pendelbwegung läßt sich nur mit viel Gleichgewichtsgefühl vermeiden. Je eher Du spürst, daß sich das Bike zur Seite bewegt, desto eher kannst mit Gegendruck der Füße oder Neigung des Körpers dieser Bewegung entgegenwirken. Hat das Bike-Pendel zu weit zur Seite ausgeschlagen, kannst Du nur noch die Bremse lösen und den Trick beenden.

Damit ich möglichst gerade und gleichmäßig das Heck heben kann, ziehe ich immer beide Bremsen, obwohl man die hintere eigentlich gar nicht braucht. Aber durch diesen kleinen Trick verteilt sich der Druck auf den Lenker symmetrisch und die Gefahr, das Bike ungleichmäßig zu belasten, verringert sich. Schon beim Start zum Nose-Wheelie muß man darauf achten, daß sich Vorder- und Hinterrad möglichst genau in einer Linie befinden, sonst kippt das Bike umso leichter zur Seite.

Ein guter Gag sind die sogenannten No-Footed-Nose-Wheelies: Beide Füße schweben neben den Lenkergriffen in der Luft. Das sieht unheimlich spektakulär aus, kostet aber eigentlich nur ein wenig Überwindung. Denn man klemmt sich beim Nose-Wheelie nur über den Lenker ins Bike ein, die Füße braucht man dazu nicht. Den Kontakt mit dem Bike übernimmt Dein Po, der sich fest in den Sattel drückt und die Arme, die Du absolut gestreckt gegen den Lenker preßt. Der Sattel muß dabei ganz unten sein, damit der Schwerpunkt möglichst tief liegt. Wenn Du die Nose-Wheelies sehr gut beherrscht,

bremse kommt Dein Heck automatisch in die Luft. Nun läßt Du die Bremse ganz leicht los, so daß Dein Vorderrad zu rollen beginnt. Dadurch kippt das Hinterrad wieder leicht nach unten, so daß Du die Bremse wieder anziehen mußt und vielleicht auch das Körpergewicht leicht nach vorne verlagerst, um dieser Bewegung entgegen zu wirken.

Ist der Hang steil genug, genügt es bereits, die Bremse anzutippen, damit der Hinterreifen wieder hochgehoben wird. Je mehr Gefühl Du für Deine Vorderradbremse entwickelst, desto gleichmäßiger

schaut der Nose-Wheelie aus. Könner lassen die Bremse immer leicht schleifen, so daß die Backen immer Kontakt zur Felge behalten und die Balance-Korrekturen feiner und gleichmäßiger ausfallen - der Zuschauer meint, daß man ganz locker nur auf dem Vorderrad dahinrollt.

Je besser Du das Wechselspiel zwischen Bremse und Balance beherrscht, desto länger werden Deine Nose-Wheelies. Damit taucht ein neues Problem auf: Dein Hinterrad will Dich überholen. Das ganze Bike pendelt um den Steuerkopf, weil das Hauptgewicht des Rahmens

probierst Du sie einfach im Sitzen aus und nimmst dabei für wenige Sekunden die Füße von den Pedalen. Keine Angst, die No-footed-Wheelies sind nicht gefährlicher als die normalen Wheelies. Denn durch den tiefgestellten Sattel und die gestreckten Arme liegt Dein Körpergewicht sehr weit unten und hinten. Falls das Vorderrad irgendwo anstößt und blockiert, hast Du viel Zeit, um zu reagieren. Schwieriger als der Trick selbst ist die Überwindung der Hemmschwelle, die Füße von den Pedalen zu nehmen.

Bei Nose-Wheelies mußt Du den Lenker absolut gerade halten. Falls das Heck zur Seite schwenkt, kannst Du kaum noch korrigieren und beendest am besten das Manöver.

10 NOSE-WHEELIE

11 HOP AND GO

Sprünge in allen Varianten gehören zur
Trial-Fahrtechnik wie die Stollen zum Reifen.
Man fliegt über Hindernisse, springt von
einem Felsen zum nächsten oder befreit sich aus
kniffligen Situationen. Die Backwheel-Hops
gehören unbedingt ins Pflichtfach eines Trial-Bikers,
die Frontwheel-Hops sind dagegen die Kür.

Start zu den Backwheel-Hops: Aus der Grundstellung - Kurbeln waagrecht - reißt Du den Lenker mit viel Schwung nach oben zu Deinem Oberkörper.

Gleichzeitig gehst Du ein wenig in die Knie und drückst das Hinterrad über die Pedale kurz und betont ...

Wer mit der Technik der Backwheel-Hops vertraut ist, kann nur auf dem Hinterreifen hüpfend große Distanzen überwinden. Die Zuschauer staunen immer wieder, wenn man wie ein Känguruh von einem Tisch zum anderen springt, oder über Gräben und Spalten hüpft, durch die man nie fahren könnte. Die Backwheel-Hops schauen außerdem noch spektakulär aus, weil das Vorderrad immer in der Luft bleibt. Mit

dem Mountainbike habe ich mit dieser Technik schon über zwei Meter Weite geschafft. Doch um soweit zu kommen, muß man erstmal ganz klein anfangen. Zuerst übt man die Backwheel-Hops auf der Stelle. Die Technik dafür würde ich bereits in den Bereich "Hardcore" einordnen. Diese Manöver erfordern sehr viel Gefühl und Grundkönnen. Wer ganz von vorne anfängt, muß einige Zeit und Schweiß beim Training inve-

stieren. Wenn es trotz der Beschreibungen nicht klappen will, sollte man immer wieder Kleinigkeiten an seiner Technik verändern oder nochmals überprüfen. Stimmt die Fußstellung, reißt man das Bike hoch genug? Oft hilft es, den Text nochmals zur Hand zu nehmen, in Ruhe durchzu-

Den Sattel tiefer stellen und den Trial-Gang einlegen. Für mich ist die optimale Übersetzung 26 vorne, 21 hinten. Die Bremsen müssen optimal ziehen. Die hintere Bremse muß für diese Technik sogar 110prozentig packen, so daß Du das Hinterrad mit einem einzigen Finger blockieren kannst. Der Reifen darf ein wenig weicher sein, so dämpft er besser. Er darf aber auf keinen Fall durchschlagen

Mit den Händen ziehst Du auch am Lenker mit nach oben. Kippt das Bike, hüpfst Du dem Gleichgewicht hinterher.

... gegen den Boden, so daß Dein Bike die ersten Hopser macht. Deine Füße müssen geradezu an den Pedalen kleben.

lesen und sich nach jeder Beschreibung die Bewegungsvorgänge einzuprägen. Schau Dir die Fotos genau an und versuche, die Positionen darauf nachzuahmen. Wichtig ist auch, daß Du alle Übungen mit Deinem eigenen Bike probierst, mit dem Du vertraut bist und an dem Du ein optimales Gefühl für die Bremsen und das Handling hast.
Bei den Backwheel-Hops gilt wieder die Grundposition:

85

11 HOP AND GO

oder seitlich abknicken, sonst besteht die Gefahr, daß er von der Felge rutscht.

Um nach oben in den Back-wheel-Stand zu kommen, balancierst Du im Stand oder rollst ganz langsam an, maximal im Schrittempo. Dann ziehst Du die Vorderrad-bremse, um zunächst in die entgegengesetzte Richtung Schwung zu holen. Dein ganzer Körper geht nach vorne, Du drückst das Bike am Lenker nach unten. Dabei darf

Für Frontwheel-Hops fährst Du in der Grund-stellung - im Stehen, Kurbeln waagrecht ge-stellt - langsam an. Du ziehst die Vorderrad-bremse und lüpfst aktiv ...

... mit den Füßen das Heck. Den Oberkörper schiebst Du über den Lenker und ziehst Beine und Füße nach oben, gleichzeitig beginnst Du schon mit den ersten Hopsern auf dem Vor-derreifen, indem Du ...

ruhig, wie bei einem kleinen Endo, das Hinterrad ein wenig in die Luft kommen. Dann ziehst Du voll die Hin-terradbremse an, am besten mit nur einem Finger, und reißt dann in einer Rück-wärtsbewegung den Lenker

und damit das ganze Vorder-teil nach hinten-oben. Die Pedale sind und bleiben immer waagrecht. Die Füße müssen geradezu an den Pedalen kleben, auch ohne Haken (siehe Kapitel drei, Fußstellung auf den Pedalen).

Bei den Backwheel-Hops sollte man ganz ohne Clips arbeiten, und mehrmals aus-probieren, nach hinten abzu-steigen. So gewöhnt man sich an diese Übung und hat keine Angst davor, umzukip-pen. Der Backwheel-Hop ist erst dann richtig ausbalanciert, wenn der Schwerpunkt genau über der Hinterradachse liegt.

Für die Backwheel-Hops braucht man einige Ausdauer und Kondition. Schon das Üben ist ziemlich anstrengend und kostet Kraft, weil man das Vorderrad weit nach oben reißen muß. Das Hüpfen selbst ist nochmal anstrengend. Aber mit den Übungen wächst auch die Ausdauer und damit die Konzentration. Am Anfang wird man oft bei den Hüpfern einen Rück-

wärtsdrang haben, weil man das Rad nicht steil genug stellt. Dagegen arbeitet man, indem man die Bremse ganz leicht löst und mehr Druck gegen die Pedale gibt. Du wirst bei den ersten Übungen vielleicht nur einen Hüpfer schaffen oder gar keinen. Davon darfst Du Dich aber nicht entmutigen lassen. Du mußt vor allem darauf achten, nicht zu steif in den Beinen zu sein. Bei aller Kraft bleiben die Gelenke locker und die Füße pressen sich fest gegen die Pedale, damit das Bike

... in den Ellbogen einfederst und den Lenker ein wenig nach oben reißt. Kommt das Heck zu weit nach oben, versuchst Du, nach vorne zu hüpfen. Jeden kleinen Sprung solltest Du mit den Armen abfedern, damit die Gabel nicht zu stark belastet wird.

Die Fußstellung bei Frontwheel-Hops: Die Kurbeln stehen waagrecht, der hintere Fuß drückt nach hinten-oben, um sich optimal zu verkeilen und das Heck hochziehen zu können.

geradezu an Deinen Sohlen klebt. Der Hauptdruck lastet auf dem vorderen Pedal, die Kette muß immer Spannung haben, damit die Verbindung zum Bike optimal bleibt. Wenn die Balance und kleine Hopser keine Probleme mehr darstellen, kann man damit beginnen, bewußt nach vorne und nach hinten zu hüpfen. Dazu brauchst Du sehr viel Gefühl in den Füßen. Um nach vorne zu hüpfen, lasse ich das Vorderrad ein wenig nach unten kommen und springe dann sozusagen hinterher, indem ich die Hinterbremse für den Bruchteil einer Sekunde löse und gleich wieder anziehe. So stelle ich das Gleichgewicht wieder her. Mit ganz kleinen Hüpfern korrigiert man ständig die Balance, dazu muß das Hinterrad gar nicht abheben, Du hopst sozusagen auf der Stelle, wobei nur der Reifen ein- und ausfedert. Du mußt darauf achten, daß Dein Gewicht immer über dem Fahrrad bleibt, damit die Sprünge nicht zu groß ausfallen.

Die Backwheel-Hops nützt man im Trial-Fahren auch, um von hohen Hindernissen runter zu springen. Dazu benützt Du die Kante des Hindernisses als Absprungbasis, wie einen Startblock. Diese Technik kann man wieder ganz leicht und ungefährlich am Randstein üben. Du fährst an die Kante, gehst kurz davor aufs Hinterrad, hüpfst vor an die Kante und springst dann nach vorne ab. Am Bordstein kann man dieses Manöver gefahrlos ausprobieren, weil man es jederzeit abbrechen kann. Man läßt einfach das Vorderrad wieder nach unten auf den Boden. An höheren Hindernissen geht das nicht mehr. Du mußt die Technik schon beherrschen und genau wissen, daß Du den Sprung auch ausführst, Du mußt dazu entschlossen sein. Wenn man einmal ein Manöver begonnen hat, ist es sehr gefährlich, es wieder abzubrechen. Darum übt man an einem kleinen Hindernis wie dem Randstein - Du kannst Dir einfach dabei vorstellen, es wäre ein großer Felsblock

die Hops einfacher als mit einer Federgabel. Ich habe mich nach einiger Übungszeit auch auf eine Federgabel umgestellt. Aber dann sollte die Gabel ganz hart eingestellt sein, wenn möglich sogar blockiert. Der Vorderreifendruck darf nicht zu groß, aber auch nicht zu klein sein. Die Vorderbremse mußt Du mit einem oder zwei Fingern blockieren können.

Für einen Frontwheel-Hop rollst Du langsam mit waagrechten Kurbeln an. Diese Stellung wird nicht mehr verändert. Sehr wichtig ist der hintere Fuß, er übt den stärksten Druck aufs Pedal aus. Du mußt Dir vorstellen, daß Du diesen Fuß quasi um das Pedal herumwickeln willst. Nur so ist die Verbindung zwischen Dir und dem Bike so eng wie möglich. Aus der langsamen Fahrt packst Du voll die vordere Bremse und ziehst das Hinterrad an den Pedalen ziemlich steil nach oben. Du stützt Dich dabei voll gegen den Lenker mit fast ausgestreckten Armen ab und legst den Oberkörper etwas nach vorne, damit das Heck leichter hochkommt.

Sobald das Hinterrad weit genug oben schwebt, spannst Du Dich ins Bike ein und versuchst, mit gebeugten Armen die ersten Hopser auf dem Vorderrad. Um diese

oder eine höhere Stufe - bis die Technik sitzt.

FRONTWHEEL-HOPS

Zunächst einmal eine Warnung: Beim Rad kann man durch Frontwheel-Hops die Gabel abreißen, oder sie wird gestaucht und kann später krachen. Frontwheel-Kunststücke können das Material sehr stark belasten. Bei

Leicht-Bikes und empfindlichen Gabeln sollte man generell darauf verzichten. Lenker und Vorbau müssen absolut fest angezogen sein, auch der Steuersatz muß absolut o.k. sein, weil er unter hoher Belastung steht. Frontwheel-Hops sind eigentlich brutal schwer. Der Sattel muß nach unten, den Trial-Gang einlegen. Mit einer normalen Gabel funktionieren

So springst Du nach vorne: Beim Backwheel-Hop läßt Du den Lenker etwas nach unten kommen, stößt Dich dann blitzartig mit dem Hinterrad vom Boden ab und springst nach vorne dem Gleichgewicht hinterher.

◆11◆ HOP AND GO

Stellung zu üben, können Dich zwei oder drei kräftige Freunde in dieser Stellung halten, sobald Du das Heck nach oben gezogen hast. Auf diese Art kannst Du Dich an die Idealstellung herantasten und ausprobieren, wie steil Dein Bike stehen mußt, damit Du einigermaßen ausbalanciert bist.

Ziel ist es, wie bei einem Handstand, den Balancepunkt zu finden. Dazu gehst Du mit dem Oberkörper weit nach vorne. Wenn Du nach vorne zu kippen drohst, hüpfst Du nach vorne - falls das Hinterrad runterkommt, hüpfst Du nach hinten. So springst Du ständig ganz leicht vor und zurück, um den Balancepunkt wieder zu finden. Wenn Du nach hinten springst, reißt Du gleichzeitig das Heck wieder nach hinten oben. Die Füße vollführen dabei immer die Gegenbewegung zum restlichen Körper: Wenn Du den Lenker nach unten drückst, preßt Du die Füße gleichzeitig nach

oben, um Dich optimal ins Bike einzuspannen.

Wenn Du merkst, daß Du zu viel Schwung hast und nach vorne überzukippen drohst, läßt Du blitzschnell die Bremse los, so daß das Bike einfach wieder nach unten kippt. Auch die Frontwheel-Hops sind keine großen Sprünge, eigentlich federt man nur ein wenig im Reifen ein. Durch diese Technik wird die Gabel gleichmäßiger und nicht zu stark belastet. Für die Frontwheel-Hops gilt das gleiche wie für die Backwheel-Hops: Ein ziemlich schwieriges Kunststück, das aber dafür beim Publikum immer gut ankommt. Der Gag wird noch besser, wenn man auf dem Vorderrad hüpfend mit dem Heck einen Kreis beschreibt - und natürlich noch einen Zuschauer unter dem Hinterreifen liegen hat. Doch solche Show-Stücke kann man sich erst erlauben, wenn man sein Bike absolut sicher in jeder Situation im Griff hat.

12 WALL RIDE

Der Wall Ride, das Fahren an einer senkrechten Wand, ist die Hardcore-Variante vom Fahren in der Halfpipe. BMX-Künstler beherrschen ähnliche Kunst- stücke in ihrer künstlichen Röhre. Das Manöver gehört zu den absoluten Highlights und sollte wirklich nur von Profis mit viel Erfahrung aus dem BMX-Bereich ausprobiert werden.

Gleich nach dem Aufstieg lenkst Du schon wieder nach unten. Du darfst Dich nicht zu weit nach außen lehnen.

Hüfte und Oberkörper über das Bike verlagern, damit beide Reifen gleichmäßig belastet werden und halten.

Schräg anfahren, die Hüfte befindet sich hinter dem Sattel. Das Vorderrad hochreißen an die Wand.

Der Wall Ride ist einer der extremstem Tricks, die man mit einem Mountainbike machen kann und er ist auch extrem schwierig. Nur mit sehr viel Erfahrung kann man sich in die Wand trauen. Jungs, die schon viel mit ihrem BMX-Bike in großen Halfpipes waren, kennen das Gefühl, wenn einen die Zentrifugalkraft an die Wand drückt. Du mußt in Deinem Bike-Handling traumhaft

sicher sein. Denn wenn Du erst einmal in der Wand stehst, rächt sich jeder Fehler ziemlich schmerzhaft. Bevor Du Dich an ein solches Kunststück wagst, solltest Du alle Bedingungen noch einmal abchecken. Die Belastungen für Fahrer und Bike sind beim Wall Ride nämlich unheimlich groß. Du solltest wirklich nur bestes Material an Deinem Bike haben, das optimal eingestellt ist und dem Du vertraust. Ein Billigbike oder Low-Class-Komponenten überstehen dieses Manöver vielleicht nur ein-, zweimal oder gar nicht. Du mußt Dich voll und ganz auf Dein Gerät

verlassen können. Eine lockere Kurbel oder eine schwache Felge, ein Superleicht-Vorbau oder ein 80-Gramm-Lenker sind für diesen Trick fehl am Bike. Ich wollte dieses Manöver aus der künstlichen Halfpipe einmal ins richtige Leben übertragen und einfach in der City ausprobieren. In der Halfpipe hat man natürlich eine optimale Anfahrtsrampe, weil die Bahn in einer schönen Kurve in die Senkrechte hinaufführt. Eine normale Mauer wächst meistens ziemlich abrupt aus der Erde. Für die ersten Übungen kann man auch Erdwälle anfahren und bei weiteren Übungen sich immer extremere Neigungen suchen, um sich mit dem Gefühl vertraut zu machen. Für spektakuläre Wall Rides

Point of no return: Der höchste Punkt. Du beschreibst mit dem Bike an der Wand etwa einen Viertelkreis.

Schon kurz nach dem höchsten Punkt reißt Du entschlossen das Vorderrad weg von der Mauer. Hüfte leicht hinter den Sattel.

Kurz vor der Landung: Körper wieder Richtung Lenker schieben. Beine und Arme sind Stoßdämpfer fürs Fahrwerk.

habe ich eine sehr gute Wand in Huntington Beach, einem Nachbarort meiner Stadt in Kalifornien, gefunden. Das ist nämlich die erste Voraussetzung für einen gelungenen Wall Ride: die richtige Wand. Nicht jede Mauer ist für diesen Trick geeignet. Optimal wäre eine Wand, die nicht ganz senkrecht steht und eine Anfahrtsrampe aus Erde besitzt. Man kann sogar eine kleine Holzrampe, die weich in die Neigung der Wand übergeht, basteln. Du mußt nämlich mit hoher Geschwindigkeit an die Wand anfahren und je schneller und problemloser Du mit dem Vorderreifen an die Mauer kommst, desto mehr Speed kannst Du mitnehmen. Je höher die Geschwindigkeit, desto höher die Fliehkraft, die

Dich an die Wand preßt. Und davon kannst Du jede Menge brauchen, sonst fällst Du einfach senkrecht runter. Bei jeder Wand ist die Anfahrtstechnik unterschiedlich. Je weicher der Übergang vom Untergrund zur Mauer ausfällt, desto flotter und einfacher kann man die Wand hinaufrollen. Ist dies nicht der Fall, muß man das Vorderrad während der Anfahrt noch hochreißen - das kostet Kraft und Geschwindigkeit, die einem dann fehlen könnte. Meistens hat man eine gute Seite, auf die man den Trick lieber ausführt. Meine Schokoladenseite ist die linke: Ich

fahre von links an die Mauer an, weil ich auch lieber nach rechts aus dem Absprung aus der Senkrechten ansetze. Man braucht eine gewisse Mindestgeschwindigkeit, um mit Hilfe der Fliehkraft an der Wand entlang zu fahren und Du mußt Dich während des Manövers auch voll in die Kurve legen, damit die Reifen Haftung haben und an der Wand kleben bleiben, sonst würde man einfach runterfal-

len wie ein Backstein. Du fährst in einem mittleren Gang im 45-Grad-Winkel an die Wand an. Sobald Du auf der Rampe oder an der Auffahrt bist, ziehst Du das Vorderrad hoch an die Wand. Bei einem weichen Übergang oder einer sehr schrägen Wand genügt es oft, nur das Vorderrad zu entlasten, um den Übergang vom Anlauf an die Mauer möglichst reibungslos und fließend zu gestalten. Ich rolle normalerweise etwa in einem Viertelkreis über die Wand. Je schneller ich bin, desto höher

kann ich die Wand hinauffahren. Bei meiner Maximalhöhe von etwa zwei Metern kann es einem schon mulmig werden. Und Du mußt noch eins bedenken: Du mußt aus dieser Höhe auch wieder hinunterkommen auf den normalen Erdboden. So ein Wall Ride entspricht einem Absprung mit Full Speed aus zwei Metern Höhe - jetzt ist klar, warum das Material soviel aushalten muß.

Wenn ich an der Wand klebe, versuche ich möglichst gleichmäßig Vorder- und Hinterrad zu belasten, um die optimale Reifenhaftung auszunützen. Eine weiche Gummimischung ist von Vorteil, der Reifen sollte aber auch nicht zu weich sein, damit er nicht abschmiert. Du mußt

Dich schräg nach unten reinlegen, wie in eine Steilwandkurve, damit die Reifen die optimale Haftung kriegen. Sobald ich den höchsten Punkt erreicht habe, bereite ich schon die Abfahrt vor: Mein Gewicht geht hinter den Sattel und ich reiße das Vorderrad von der Wand weg, so daß ich beim "Abstieg" fast nur noch auf dem Hinterrad die Wand hinunterrolle. Nur so kann ich mit beiden Reifen gleichzeitig wieder landen, meistens lastet sogar mehr Gewicht auf dem Hinterreifen. Die Landung ist mit der schwierigste Teil beim Wall Ride, weil ich zum einen aus ziemlich großer Höhe und zum anderen schräg von der Wand wegkomme. Hier wäre eine Rampe nicht schlecht,

weil bei der normalen Landung wahnsinnig viel Kraft auf die Laufräder kommt. Je schräger man aufkommt, desto leichter verbiegen sich die Felgen. Darum mußt Du wieder die Kräfte mit Deinem Körper abfangen.

Um die wahnsinnig große Aufprallenergie abzudämpfen, federe ich bei der Landung extrem mit den Armen und Beinen ein, um Rahmen und Reifen vom Bike zu entlasten. Das wiederum ist sehr schwierig, weil Du mit sehr viel Schwung ankommst. Während Dein Körpergewicht noch hinter dem Sattel hängt, mußt Du das Vorderrad leicht machen, um von der Wand wegzukommen - kein leichtes Unterfangen. Na dann, viel Glück.

Die Landung ist der schwierigste Part: Du mußt Dein Vorderrad weit von der Wand wegreißen, um auf beiden Reifen aufzukommen.

12 WALL RIDE

13 WAS IST TRIAL-SPORT?

Trial kommt aus dem Englischen und heißt soviel wie "Versuch, Probe, Experiment". Man probiert, Hindernisse mit dem Fahrrad zu überwinden. Angeregt vom Motorrad-Trial hat sich das Bike-Trial in den achtziger Jahren entwickelt. Dazu baute man eigene Trial-Bikes mit 20-Zoll-Bereifung. Seit 1992 gibt es auch eine Mountainbike-Klasse bei Trial-Wettbewerben.

13 ⬥ WAS IST TRIAL-SPORT?

Wie bei jedem Wettkampf-
sport gibt es beim Bike-Trial
Vorschriften, Regeln und Ver-
bände. Hier zunächst die
Grundidee des Bike-Trial-
sports:
Im Wettkampf gilt es, verschiedene Sektionen, das
sind Abschnitte im Gelände,
fehlerfrei zu meistern. Das
Abstützen mit den Händen,
den Füßen, oder ein Sturz,
wird von einem Kampfrichter
mit Strafpunkten geahndet.
Der Fahrer mit den wenigsten
Strafpunkten gewinnt den
Wettbewerb.
Zeit und Geschwindigkeit
spielen beim Trial eine unter-
geordnete Rolle. Viel wichti-
ger sind die Fahrrad- und
Körperbeherrschung,
Balance, Konzentration und
Kondition (Schnellkraft und
Ausdauer).
In einem Trial-Wettkampf gibt
es in der Regel sechs bis zehn
Sektionen und zwei bis drei
Durchgänge. Jeder Fahrer hat

seine Punktekarte bei sich,
auf der die Ergebnisse jedes
Abschnitts eingetragen werden. Pro Sektion kassiert man
maximal fünf Strafpunkte
(Sturz oder Überschreiten).

Nur bei fehlerfreiem Durchfahren kommt man mit 0
Punkten davon.
Eine Sektion ist in der Regel
50 Meter lang und wird mit
Banden und Trassierband
genau abgesteckt. Die Bahn
für den Biker ist zwischen
einem und drei Meter breit. In
der Sektion kann jeder Fahrer
seine eigene Spur suchen, er

muß lediglich innerhalb der
Markierungen bleiben. Je
nach Alter, Leistung und
Fahrradtyp gibt es verschiedene Klasseneinteilungen.
In einer Sektion muß man
natürliche oder künstliche
Hindernisse überfahren, zum
Beispiel Felsen, Baum-
stämme, Bachdurchfahrten,
Schlammpassagen, Abfahr-
ten, Auffahrten und Steinhau-
fen. Künstliche Hindernisse

Im Wettkampf mußt Du natürliche oder künstliche Hindernisse überwinden.

Farbige Markierungen bestimmen den vorgeschriebenen Weg in einer Trial-Sektion.

beobachten und die Sektion zuvor zu Fuß abgehen. Wenn Du mit dem Bike im Parcours bist, mußt Du direkt entscheiden, welchen Weg Du wählst und mit welcher Technik Du vorgehst.

Die Taktik ist genauso wichtig. Denn es kann schlauer sein, einen Sicherheitsfuß zu setzen und nur einen Punkt zu kassieren - dabei kannst Du das Fahrrad am Lenker auf das Hindernis hochziehen - anstatt zu probieren, mit dem Bike hochzukommen und für einen Sturz die Maximalpunktzahl von 5 zu kassieren.

Weitere Informationen über den Verband, Wettkämpfe und das Reglement erhältst Du bei:

DFTV, Deutscher Fahrrad Trial Verband, Franz Hofmeister, Heusteigstraße 8, 72127 Kusterdingen

BDR, Bund Deutscher Radfahrer, Otto-Fleck-Schneise 4, 60528 Frankfurt.

wären Betonröhren, Autos, Paletten-Stapel und alles, was dem Veranstalter einfällt. Oft sind die Sektionen so schwierig, zum Beispiel bei Weltmeisterschafts-Läufen, daß manche Fahrer Mühe haben, zu Fuß durchzukommen. Das ist stellenweise schwieriger als mit dem Bike. Ein Trial-Wettkampf dauert etwa zwischen zwei und sieben Stunden, je nach Anzahl der Sektionen und der Teilnehmer.

An jeder Sektion gibt es einen Punktrichter. In jeder Sektion ist nur ein Fahrer unterwegs ("one at a time"). Das Interessante daran ist, daß jede Sektion total neu für den Fahrer ist, man kann diesen Abschnitt vorher nicht ausprobieren oder trainieren. Dadurch ist jede Sektion eine neue Herausforderung. Du mußt Dich schnell auf die neue Situation einstellen

können und die Sektion beurteilen.

Dadurch spielt Deine Erfahrung eine große Rolle, ebenso wie die Selbsteinschätzung. Du darfst nur andere Fahrer

Es gibt Wettbewerbe in verschiedenen Klassen, für Mountainbikes und für Trial-Bikes.

14 TRAINING FÜR DAS BIKE-TRIAL

Wer Trial als Sport betreiben möchte, kommt an ein paar Stunden Training nicht vorbei. Nur durch gezieltes Üben kann man seine Leistung verbessern. Der Vorteil: Beim Trialfahren macht sogar das Training Spaß.

Viele Leute fragen mich: "Wieviel muß ich trainieren, um im Trial wirklich gut zu werden?" Meine Antwort darauf: Es gibt keine Grenzen nach oben. Man kann im Trialsport gar nicht genügend Erfahrung sammeln. Doch das Tolle daran ist: Es gibt immer wieder neue Situationen, immer wieder höhere Hindernisse. Und so gibt es nur ein persönliches Limit für jeden einzelnen, aber keine allgemeine Grenze beim Trialfahren. Wir Topfahrer versuchen immer wieder, das Limit noch weiter nach oben zu schieben, indem wir uns gegenseitig immer höher pushen. Für alle beschriebenen Techniken in diesem Buch gibt es viele Variationen, die man im Wettkampf dann der Situation gemäß anwendet und sich für eine bestimmte Art und Abwandlung der Basis-Technik entscheidet.
Ein Beispiel: Nur um einen Tisch hochzufahren, gibt es ungefähr sechs verschiedene

14 TRAINING FÜR DAS BIKE-TRIAL

Techniken, wobei man sich im Wettkampf entscheiden muß, welche davon in welcher Situation die optimale ist. Das ist abhängig von Anlauf, Bodenbeschaffenheit, Höhe des Hindernisses, Anfahrtswinkel, Fortsetzung der Sektion und anderen Umständen. Es kann nicht schaden, immer wieder die gleichen Hindernisse intensiv zu trainieren. Man lernt erst die Grundtechniken, die man an kleinen Hindernissen einstudiert und immer wieder ausprobiert. Von da ausgehend kann man höhere und schwierigere Hindernisse angehen.
Man übt zum Beispiel viele verschiedene Varianten an einer einzigen Felskante. Wenn es auf die einfachste

Art klappt, verkürzt man für sich den Anlauf oder probiert es von einem anderen Winkel aus oder in einer anderen Geschwindigkeit, langsamer oder schneller. Oder Du versuchst, seitwärts statt vorwärts über die Kante zu kommen. So lernt man wahnsinnig viel über sich selbst, das Fahrrad und über verschiedene Situationen. Im Training stellt man diese Konstellationen, übt ohne Streß und wendet die Technik später im Wettkampf dann routinierter und problemlos an. Sehr fördernd ist es auch, den eigenen Fahrstil und den anderer Fahrer genauestens zu analysieren. Das heißt: Wenn man stürzt oder einen Fehler macht, sollte man überlegen, wo die Ursache liegt und versuchen diesen Fehler auszuschalten. So lernt man auch für später und kann solche Patzer vermeiden. Du solltest auf ständig wechselndem Gelände mit vielen unterschiedlichen Geländeformationen trainieren. Dazu gehört, auch mal im Regen zu üben, auf Matsch, auf Felsen oder auf losem Untergrund. Nützlich ist ein immer gleichbleibendes Trainingsgelände mit verschiedenen Hindernissen, die man alle kennt, auf denen man Standard-Techniken immer wieder übt, aber auch neue Teile am Fahrrad testen kann. Hat man lange nicht trainiert, fährt man zu seinem Standard-Übungsgelände und probiert alle alten Techniken aus, um wieder Selbstsicherheit und Selbstbewußtsein zu bekommen und die bekannten Bewegungsabläufe zu festigen. Um sich auf die Sektionen voll zu

Trainieren kann man immer, an jedem Hindernis, am Straßenrand oder auf der Tour.

konzentrieren, muß man sich auf das Material hundertprozentig verlassen können. Hilfreich sind auch Freunde und Trainingspartner, die auf dem gleichen Niveau sind oder ein wenig besser. So puscht man sich höher, es macht mehr Spaß, und man kann sich gegenseitig beobachten und analysieren. Da man im Wettkampf die Sektionen vorher nicht kennt und nicht durchfahren darf, muß jeder nur durch Anschauen und Ablaufen eine Idealspur finden. Eine große Hilfe dabei kann sein, andere Fahrer zu beobachten, um von ihren Fehlern zu lernen und die gleichen Fehler zu vermeiden. Das Ablaufen ist eine sehr wichtige Sache. Je mehr Erfahrung Du hast, desto leichter fällt es Dir, eine gute Linie zu finden und Selbstzweifel gar nicht erst aufkommen zu lassen.

Ich selbst trainiere eher kurz, etwa ein- bis eineinhalb Stunden. Aber in dieser Zeit konzentriere ich mich total und trainiere sehr hart ohne Pause. Nach den sechzig bis neunzig Minuten sind meine Konzentration und die Kraft meistens total aufgebraucht.

liegt, schaue ich mir an und versuche es mental, also nur in der Vorstellung im Kopf abzufahren - auch so sammelt man Erfahrung.

Um sich zu motivieren, setzt man sich Ziele, die aber erreichbar bleiben müssen, sonst wird man nur frustriert. Man übt mit dem Bike an einem Stein oder Felsen, solange, bis es klappt. Und wenn man über die Kante kommt, probiert man es

Trial-Fahren vor allem Schnellkraft benötigt, die man auch anders trainieren könnte. Aber wenn ich mit dem Bike übe, studiere ich gleichzeitig die spezifischen Bewegungsabläufe ein und habe damit Kraft- und Techniktraining in einem. Außerdem beanspruche ich so die richtigen Muskeln.

Zum Ausgleich betreibe ich ab und zu Krafttraining im Fitneßstudio, unternehme auch

ÜBUNGEN IM ALLTAG, DIE HELFEN

Bei mir besteht eigentlich der ganze Tag aus Training. Selbst bei Alltagsdingen kann man ein wenig Übung fürs Trialfahren einbauen. Beim Gehen laufe ich immer genau auf der Randsteinkante, um das Balancieren zu üben. Alles, was an Hindernissen an der Straße oder im Gelände

mehrmals hintereinander. Es einmal zu schaffen, genügt mir nicht, ich möchte es immer dreimal hintereinander packen, damit der Ablauf auch wirklich sitzt. Dadurch werden die Bewegungs-Vorgänge automatisiert. Spezielles Krafttraining absolviere ich selten, weil ich am liebsten auf dem Bike selbst trainiere. Obwohl man für das

längere Touren mit dem Mountainbike, fahre mit Rollerblades oder Ski. Zuviel und zu kräftige Muskulatur und Körpermasse stört die Feinkoordination, die man beim Trial-Fahren braucht. Je schwerer Du bist, desto schwerer fallen Dir auch alle Hüpftechniken, zudem wird das Bike umso stärker belastet.

15 WETTKAMPF-TIPS

Im Wettbewerb kannst Du Dich mit anderen messen, Dein Können vergleichen. Oft gewinnt nicht der beste Trial-Fahrer, sondern der, der im Wettkampf die besten Nerven hat oder sich auf den Punkt konzentrieren kann. Darum hier einige Tips, die einem vor und im Wettkampf weiterhelfen.

⑮ WETTKAMPF-TIPS

Seit 1992 gibt es auch Trial-Wettbewerbe für Mountainbikes. In einer Wettkampf-Situation ist vieles anders, als wenn man trainiert oder nur zum Spaß bestimmte Techniken ausprobiert. In meiner Karriere von über zehn Jahren habe ich viel Erfahrung gesammelt und möchte die wichtigsten Tips an alle weitergeben, die einmal selbst einen Trial-Wettbewerb bestreiten wollen.

KONZENTRATION: Du konzentrierst Dich auf das, was Du machen möchtest und nicht auf das, was Du nicht machen möchtest. Wenn Du Trial-Sektionen übst, vergißt Du nach fünf Minuten alles andere und bist nur noch auf Dein Fahrrad, das Gelände und Dich fixiert. Gleichzeitig ist das Training eine Entspannung, weil Du andere Probleme vergißt. Wenn ich allein konzentriert trainiere, bin ich meistens nach eineinhalb Stunden ausgepowert und begehe Leichtsinnsfehler. Um dann Verletzungen zu vermeiden, beende ich mein Training, wenn ich mich nicht mehr voll konzentrieren kann.

SELBSTEINSCHÄTZUNG: Wie im Leben muß man seine Fähigkeiten selbst richtig einschätzen können und freut sich dann auch, wenn die Selbsteinschätzung stimmt und man das schafft, was man sich vorgenommen hat. Durch eine gute Selbsteinschätzung steigert man sein Selbstver-

In schwierigen Passagen überlegt man sich zuvor, wo man abspringt oder einen Sicherheitsfuß setzt.

trauen. Du mußt aber auch Deine eigenen Grenzen kennen und sehr viel denken, denn nicht immer ist es ratsam, jedes Hindernis im Wettkampf auch zu fahren. Zur Selbsteinschätzung gehört auch, sich die Zeit richtig einzuteilen. Auf internationaler Ebene gilt eine Zwei-Minuten-Regel pro Sektion: Für jeden Prüfungsabschnitt darfst Du maximal zwei Minuten benötigen, ansonsten gibt es die Maximalpunktzahl von fünf als Strafe.
Daher kommt noch mehr Druck, und Du mußt Deinen Fahrstil vielleicht ändern und schneller fahren und hast weniger Zeit, um Dich auf ein Hindernis vorzubereiten. Gerade durch diesen Zeitdruck wird oft die Konzentration unterbrochen. Durch die Zeitknappheit setzt man eher Sicherheitsfüße, um schneller durch die Sektion zu kommen.

GEFAHR darfst Du nicht außer Acht lassen, aber Du darfst sie nicht in den Vordergrund stellen. Natürlich muß sich jeder individuell einschätzen können. Was für einen Gefahr ist, ist für den andern vielleicht harmlos und was für den einen harmlos ist, erscheint einem anderen lebensgefährlich.

SICHERHEIT: Beim Anschauen der Sektion oder des Geländeabschnittes kann man auch genau prüfen, wo man den Fuß absetzen kann, falls notwendig, und wie man sich aus einer Situation retten kann. Man muß die Lage abchecken und sich vorstellen, wohin man abspringt, wenn man

das Manöver abbrechen muß. So verletzt man sich nicht. Gute Trialfahrer üben zum Beispiel auch, vom Bike abzuspringen. Dadurch kippt man nicht um, klemmt sich nicht am Bike ein und kann das Fahrrad noch am Lenker festhalten, so daß es nicht beschädigt wird.

MENTALE VORBEREITUNG: Ich habe mir zu Beginn meiner Wettkampf-Karriere die Sektionen genau eingeprägt, um sie durchfahren zu können, ähnlich wie ich es heute bei Slaloms und Downhills mache. Man kann den Kurs mental zuvor abfahren und trainieren, indem man sich im

Geist aufs Bike setzt und Zentimeter für Zentimeter im Kopf durchgeht, wo und wie man langfährt. Mit der modernen Hüpf-Technik im Trial hat sich das ein wenig geändert: Heute fahre ich rein, schaue den Abschnitt vor mir an, springe hoch und wieder zurück, wenn's nicht

Selbst bei großem Rummel und vielen Zuschauern - wie hier bei der Weltmeisterschaft in Japan - darf man nicht nervös werden. Durch Konzentration vergißt man das Umfeld und läßt sich nicht ablenken.

klappt. Das mentale Training hat viele Vorteile: Ich weiß heute noch Sektionen auswendig, die ich vor zehn Jahren bewältigt habe, weil ich durchfahren mußte. Heute hüpfe ich durch und balanciere ohne Probleme, so habe ich Zeit und kann viel anschauen. Aber dadurch habe ich Vorteile gegenüber den jungen Trialfahrern, die kaum noch fahren, sondern nur noch hüpfen können. Durch meine mentale Anstrengung von damals kann ich mich sehr gut konzentrieren, und das bringt wieder viel für einen langen Wettkampftag.

BEWEGUNGSABLÄUFE prägt man sich im Training ein. Wie ein Musiker die Noten für ein Musikstück auswendig lernt, lernt man vor allem am Anfang verschiedene

Techniken und Bewegungsabläufe auswendig, die man in einer bestimmten Reihenfolge anwenden muß. Zum Beispiel rollt man vor einem 50 Zentimeter hohen Hindernis meist mit dem schlechten Pedal an und reißt gleichzeitig mit einer halben Kurbelumdrehung das Vorderrad hoch auf das Hindernis, damit in diesem Moment das Schokoladenpedal vorne ist. So kann man sich optimal einspannen und das Hinterrad im richtigen Moment entlasten und hochziehen. Am Anfang läßt man diesen Bewegungsablauf immer wieder im Gehirnkino ablaufen, und dadurch und durch das Training wird er automatisiert.

TIMING ist eines der schwierigsten Dinge beim Trial-Fahren und verlangt sehr viel Erfahrung. Dazu zählt, mit welchem Pedal man anfährt und mit welchem Tempo man an ein Hindernis rangeht. Hat man zum Beispiel nur

zwei Meter Anlauf, muß man genau wissen, in welchem Gang man wieviele Umdrehungen braucht, um mit dem Schokoladenfuß vorne und der idealen Geschwindigkeit am Hindernis anzukommen. Das klappt nur nach viel Übung und großer Erfahrung.

NERVOSITÄT sollte man kontrollieren und damit umgehen können. Du mußt immer die Nerven behalten. Auch hier bringt Trial wieder viel für andere Lebensbereiche. Selbst wenn Du unter Druck stehst, darfst Du keinen Punkt gegen Konkurrenten verlieren. Die Zuschauer und Schiedsrichter dürfen Dich nicht ablenken. Man lernt, sich zu konzentrieren, abzuschalten. Im Training stellst Du Dir vor, daß Du in der entscheidenden Phase im Wettkampf stehst. Das führt soweit, daß Du sogar im Training absichtlich ein wenig nervös wirst und so besser auf die Wettkampfsituation vorbereitet bist. Du

WETTKAMPF-TIPS

15

stellst Dir vor, daß es neben dem Hindernis tief nach unten geht, so daß Du genauso ruhig bleibst, wenn es wirklich gefährlich wird. Oder Du stellst Dir beim Üben vor: Das ist die entscheidende Sektion, Extrem-Situationen im Trial-Fahren vorbereiten.

ZWEIFEL gibt es selbst bei den Top-Fahrern im Wettkampf immer wieder. Man steht vor einer relativ einfachen Situa-tal, also im Kopf durchfahren. Man sucht sich die Idealspur, während man die Sektion abläuft. Die Beobachtung anderer Fahrer hilft einem selbst, die beste Linie zu finden.

Im Training stellt man sich eine schwierige Passage aus dem Wettkampf vor, die Freunde sind wie die Zuschauer - so kann man sich auch mental auf bestimmte Trial-Sektionen vor-bereiten.

von der alles abhängt und alle schauen zu. So setzt Du Dich selber unter Druck und lernst, damit umzugehen. Wer seine Nervosität in Griff hat und sich ausschließlich auf seine Technik und auf das bevor-stehende Hindernis konzen-triert, macht keine Leicht-sinnsfehler. Selbst Profis begehen noch Leichtsinns-fehler und müssen sich immer wieder neu konzentrieren. Man muß sich an Situationen gewöhnen und voll konzen-triert bleiben. Selbst an kleinen Hindernissen kann man sich innerlich auf

tion und weiß plötzlich nicht mehr, ob man es schafft oder nicht oder welche Technik man verwenden soll. Abhilfe schafft nur konzentriertes Trainieren, das heißt sich bestimmte Hindernishöhen, Anläufe und Distanzen im Training einzuprägen, so daß man im Wettkampf dann die Selbstsicherheit und den Rückhalt hat, weil man weiß, daß man diese Situationen schon bewältigt hat.

SEKTION ABLAUFEN: Weil man nicht trainieren darf, werden die Sektionen zunächst men-

ESSEN sollte man rechtzeitig vor dem Wettkampf. Du darfst nicht im Wettkampf müde oder hungrig werden. Damit ich keine Kraft verliere, esse ich oft während langer Wett-kämpfe eine Banane oder einen Müsli-Riegel oder Früchte und trinke vor allem zwischen den Sektionen, um das Flüssigkeitsreservoir wie-der aufzufüllen. Im Prinzip gilt die gleiche Regel auch für Mountainbike-Touren und andere Ausdauersportarten: Du mußt essen und trinken, bevor Du ein Hunger- oder Durstgefühl bekommst.

DIE RICHTIGE AUSRÜSTUNG

Ein Trial-Bike ist speziell für den Wettbewerb gebaut und hat kleinere Reifen. Doch auch mit dem Mountainbike kann man extreme Trial-Passagen fahren. Wir erklären den Unterschied und zeigen Dir, worauf Du bei der Ausrüstung achten mußt.

Als wir vor über zehn Jahren in Deutschland anfingen, Fahrrad-Trial zu fahren, gab es noch keine Bikes dafür. So bastelten wir uns selbst aus Klapprädern, Bonanza-Rädern und BMX-Teilen geländetaugliche Räder. Erst einige Jahre später baute die spanische Firma Monty spezielle Trial-Räder, deren Prinzip von anderen Herstellern dann übernommen wurde. Der auffälligste Unterschied zwischen einem Mountainbike und einem Trial-Bike sind die Reifengrößen. Auf dem Trial-Rad sind dicke 20-Zoll-Reifen montiert, die ursprünglich von Mopedfelgen kommen. Wahrscheinlich deshalb, und wegen des kleinen Rahmens, verwechseln viele Laien ein Trial-Rad mit einem BMX-Bike.

Statt einer geraden oder leicht gekröpften Lenkstange besitzen Trial-Bikes hohe geschwungene Lenker. Damit kann man das Fahrrad in

Dicke 20-Zoll-Reifen, sehr kleiner stabiler Rahmen, Mini-Sattel, ein Kettenblatt, keine Schaltung: So sieht das klassische Trial-Bike aus.

Hohe Sprünge auf dem Hinterrad steckt das Trial-Bike locker weg. Da es ohne Schaltung auskommt, kann bei solchen Stunts auch der Gang nicht rausspringen.

langsamen Passagen leichter dirigieren und das Vorderrad besser auf Hindernisse oder bei Sprüngen hochziehen.

Der Rahmen ist sehr klein. Die Räder besitzen auch keine Gangschaltung und eine relativ kleine Übersetzung. Der Vorteil daran ist: So kann während eines gefährlichen Manövers nie der Gang rausspringen.

Sehr, sehr wichtig sind die Bremsen. Sie müssen absolut brachial zupacken. Bevor es die Magura Hydraulik-Bremsen gab, die jetzt die meisten Trial-Fahrer montiert haben, versuchten die meisten, mit Eigenkonstruktionen und Tricks die Bremswirkung zu verbessern. Aus dieser Zeit stammen auch noch Techniken, wie die Felge kreuzweise einzukerben oder Cola darauf zu verreiben, die ich heute noch beim Mountainbike anwende, falls die Bremsen nicht optimal packen.

Unter dem Tretlager befindet sich am Trial-Bike ein Rammschutz. An dieser Stelle kann man das Rad gut aufsetzen und sich an einer Felskante oder einem Baumstamm festbeißen, wenn man auf ein Hindernis jumpt. Gleichzeitig ist dadurch das Kettenblatt geschützt. Bei einem Mountainbike montiert man am besten das große Kettenblatt ab und schraubt einen Rock-Ring oder einen ähnlichen Schutz darauf. Sonst droht Zahnausfall.

Der Sattel auf einem Trial-Rad ist eigentlich überflüssig, man fährt immer im Stehen. Man würde sich die Knie ruinieren, falls man im Sitzen in die Pedale tritt.

Beim Mountainbike montiert man am besten alle überflüssigen oder abstehenden Teile ab, um sich nicht zu verletzen oder tauscht Komponenten aus. Ich selbst habe am Bike einen geschwungenen Lenker eingebaut, um das Vorderrad besser hochziehen zu können. Auch in sehr steilen Trial-Abfahrten ist mir der höhere Lenker lieber. Den Sattel schiebt man immer ganz ins Sattelrohr, damit man nicht daran hängenbleibt und die Füße schneller auf den Boden bringt.

Die Bremsen und die Gangschaltung müssen gut eingestellt sein, damit sie optimal funktionieren. Viele Tricks klappen nur, wenn man mit einem oder zwei Fingern an der Bremse die Räder blockieren kann. Die Gangschaltung und die Kette dürfen nicht rutschen, weil man oft durch Druck aufs Pedal sich im Bike verspannt. Rutscht hier die Kette oder der Gang springt raus, kann man sich böse verletzen.

Wie hoch der Luftdruck, vor allem im hinteren Reifen, sein sollte, ist nicht generell zu beantworten. Man wählt einen niedrigeren Druck, damit der Reifen mehr Auflagefläche bringt und bei Sprüngen besser dämpft. Der Luftdruck darf jedoch nie so gering sein, daß der Reifen durchschlägt, sonst drohen ständig Platten und man ruiniert sich die Felgen.

Schützt vor Zahnausfall: Ein Schutzring fürs Kettenblatt.

Meine liebsten Pedale fürs Trial: Breite BMX-Pedale, auf denen der Fuß viel Auflagefläche findet.

Der richtige Luftdruck hängt von der Fahrweise, der Bodenbeschaffenheit und dem Körpergewicht ab und man muß ihn durch Experimentieren herausfinden. Helm und Handschuhe sollten für jeden Biker obligatorisch sein. Ich selbst gehe nie ohne Helm zum Trainieren, im Wettkampf ist er sowieso Vorschrift. Sehr nützlich sind auch Schienbeinschoner und Knieschützer, falls man einmal vom Pedal abrutscht oder unvermutet absteigen muß. Grundsätzlich kann man mit einem leichten Bike auch besser springen. Doch absolute Leichtteile an belasteten

Wichtig: Die richtige Bremseneinstellung. Rutscht man den Bremshebel weiter zur Lenkermitte, hat man eine bessere Position, um auch mit einem Finger viel Kraft auszuüben.

Das bringt Sicherheit: Ein Kettenspanner, wie ihn auch Downhiller verwenden, hält die Kette bei Sprüngen auf Spannung. So fällt sie nicht runter, was böse Abstiege provozieren kann.

Stellen, wie die Gabel, Felgen, der Vorbau, Lenker, Kurbeln und Pedale haben beim Trial nichts verloren. Gewicht wird meistens durch Material eingespart und speziell leichte Teile können bei vielen Manövern brechen oder angeknackst werden, so daß sie später brechen.

Darum mußt Du auch Dein Bike immer gut warten und alle beweglichen Teile, vor allem Vorbau und Kurbeln, sorgfältig überprüfen. Noch ein Wort zur Gabel: Ich fahre inzwischen beim Trial auch eine Federgabel. Doch muß man sich daran gewöhnen, daß die Gabel

nachgibt, bei allen Sprüngen beispielsweise. Manche Techniken erschwert die Gabel auch, in anderen Situationen bietet sie sogar Vorteile. Wenn man sehr viel Erfahrung hat, kann man jedoch die Dämpfung und den Federweg einer Teleskopgabel ausnützen.

TECHNIK IM WETTKAMPF

In einem Trial-Wettkampf gelten eigene Gesetze.
Du mußt Deinen Fahrstil an die Sektion
anpassen und verschiedene Techniken
kombinieren. Hier Tips für Fortgeschrittene.

Hier nun einige Tips für Leute, die ein wenig in die Trialszene hineingeschnuppert haben und die beschriebenen Hindernistechniken schon einigermaßen beherrschen.

In Kapitel 4 habe ich die grundsätzlichen Hindernistechniken beschrieben, die man als Grundlage für alle Stolpersteine und Barrieren braucht. Es gibt davon aber noch mehrere Varianten, die man vor allem im Wettkampf anwenden kann, wenn der Raum für den Anlauf begrenzt ist oder weil die Geländebeschaffenheit um das Hindernis die eigenen Möglichkeiten einschränken.
Die Mountainbike-Klasse im Trial wird immer beliebter und es gibt seit 1994 auch offizielle Weltmeisterschaften der UCI, des Weltradverbandes, in dieser Klasse. Dabei darf das Mountainbike nicht in

1 Beim Speed Bunny Hop kommst Du schnell mit dem Schokoladenfuß vorne am Hindernis an und reißt mit viel Schwung das Vorderrad hoch. Sofort danach ziehst Du...

größerem Maße verändert sein, als wir es im vorhergehenden Kapitel 16 beschrieben haben. Aber das ist relativ einfach und mit nicht zu hohen Kosten durchzuführen, so daß Du vielleicht auch einmal an einem Trial-Wettkampf in der Hobby-Klasse teilnehmen willst. Allein durch die anderen Fahrer und die Hindernisse, die meistens von erfahrenen Leuten aufgebaut sind, lernst Du bestimmt etwas dazu.

2 ... das Hinterrad hoch und läßt es gegen die Kante prallen. Durch den Aufprall federt das Hinterrad wieder weg von der Stufe, so...

Bis 1995 war es nach dem Reglement erlaubt, mit einem Pedal oder dem Rammschutz am Tretlager „aufzusetzen". So konnte man an Kanten zum Beispiel das Bike verkeilen oder am Schräghang mit

3 ... daß Du es noch unter Dir nach vorne oben schieben kannst. Dazu machst Du die Arme ganz lang und drückst entschieden den Lenker nach vorne.

dem Pedal am Boden das Rad stabilisieren. Durch Regeländerungen ist das nicht mehr erlaubt. Setzt man das Pedal unfreiwillig auf oder streift mit dem Unterbodenschutz ein Hindernis, liegt es am Punktrichter zu entscheiden, ob man dafür einen Punkt kassiert. War es eindeutig unabsichtlich und durch den Verlauf der Bewegung verursacht, kommt man

normalerweise ohne Strafpunkt davon.

Diese neuen Regeln erfordern aber auch eine ganz sichere Technik an Kanten und Hindernissen. Man muß Stufen, Felsblöcke oder Baumstämme noch sauberer überwinden und muß sich dafür vorher genau überlegen, wie man das Hindernis angeht, bzw. anfährt.

Zu der in Kapitel 4 beschriebenen Hindernistechnik gibt es nochmals mehrere Varianten, von denen ich hier die drei wichtigsten vorstelle:

1. Man fährt relativ schnell an und springt einen extrem hohen Bunny Hop auf das

Hindernis. Das klappt nur, wenn genügend Anlauf zur Verfügung steht. Ich nenne diese Technik den Speed Bunny Hop.

2. Man springt aus dem Stand seitlich aufs Hindernis, der seitliche Bunny Hop. Das ist nötig, wenn man überhaupt keinen Anlauf zur Verfügung hat, oder wenn der Landeplatz sehr kurz ist, so daß man nicht darauf zum Stehen käme, wenn man mit hohem Tempo ankommt.

3. Der Bunny Hop mit Landung auf dem Hinterrad. Dazu muß man die Technik der Back Wheel Hops (Kapitel 11) optimal beherrschen.

1 Mit dem seitlichen Bunny Hop kommen Könner über einen Meter hoch. Entscheidend ist, daß Du dicht am Hindernis stehst und mit Oberkörper und Beinen sehr tief gehst, um genügend Schwung zu holen.

Diese Sprungtechnik ist erforderlich, falls sehr wenig Platz zur Verfügung steht. Es kann sogar passieren, daß man eine komplette Sektion auf dem Hinterrad durchhüpft. Die Grundlage für alle diese Techniken ist bereits in Kapitel 4 ausführlich beschrieben. Sie ist auch Voraussetzung für alle weiteren Hindernistechniken, denn das Hochreißen des Vorderrads und das Verkeilen der Füße in den Pedalen, um das Hinterrad hochzuziehen, braucht man immer. Nur wenn diese Teile des Bewegungsablaufs wie im Schlaf klappen, kann man seine „Maximalhöhe" immer weiter ausbauen. Wenn die Technik stimmt, kommt es nur noch auf die

Kraft, die Kondition und die Konzentration an, um immer höhere Hürden zu überwinden. Was ich selbst noch vor drei bis vier Jahren als unmöglich erachtet hätte, schaffe ich inzwischen locker, mein eigenes Leistungsvermögen wird immer höher. Man schiebt die Grenzen immer wieder Zentimeter um Zentimeter nach oben und wenn man die jetzige Leistung mit der vor vier, fünf Jahren vergleicht, hat man auf einmal – wie es scheint – einen großen Sprung nach oben getan.

DER SPEED BUNNY HOP

Der Speed Bunny Hop im Trial-Wettkampf eignet sich

nur für Hindernisse, vor denen genügend Anlauf zur Verfügung steht. Es sollten mindestens vier bis fünf Meter, besser noch mehr sein. Das ist beispielsweise der Fall, wenn ein hoher Felsen oder ein Hindernis gleich zur Einfahrt einer Sektion stehen. So kann man vor dem markierten Sektionseingang Schwung holen. Dabei darf der eingelegte Gang nicht zu klein sein, sonst strampelt man mit hoher Drehzahl, nimmt kein Tempo auf und kommt womöglich noch mit dem falschen Fuß an. Das Schwierigste bei diesem schnellen Anlauf ist, mit dem Schokoladenfuß anzukommen, so daß man optimal abspringen kann.

2 Beim Absprung explosionsartig Beine und Arme strecken. Das Bike ein wenig schräg legen, um seitlich Raum zu gewinnen. Zuerst muß das Vorderrad auf dem Hindernis landen.

Dazu übt man am besten, in einem mittleren Gang die Anlaufdistanz zu durchfahren und merkt sich, mit welchem Fuß man angefangen hat. Dann variiert man solange,

bis man mit dem Schokoladenfuß vorne genau am Hindernis ankommt.
Genauso wichtig ist das Timing für das Vorderrad. Bei flottem Tempo und einer rund

achtzig Zentimeter hohen Hürde muß dieser Bewegungslauf auf die Sekunde passen, sonst gibt es böse Überraschungen. Reißt Du zu früh hoch, ist das Vorderrad schon wieder auf einer absteigenden Linie. Ziehst Du zu spät am Lenker, bleibt fast keine Zeit mehr für eine Notbremsung. Also, wenn Du Dich für die Bunny Hop-Technik an einem hohen Hindernis entscheidest, mußt Du die Geschichte auch durchziehen und nicht mit halbem Herzen rangehen. Dazu gehört die richtige Selbsteinschätzung und Entschlossenheit. Ich habe das an anderer Stelle in diesem Buch schon einmal betont: Du mußt Dich darauf konzentrieren, was Du tun willst, und nicht darauf was Du nicht tun willst (gegen das Hindernis fahren, hängenbleiben oder ähnliche Fehler). Der zweite entscheidende Punkt in dieser Technik ist, daß Du Dein Hinterrad kurz an der Kante der Hürde aufbeziehungsweise abprallen läßt, etwa so, wie ein Kieselstein, der flach auf der Wasseroberfläche aufkommt und gleich wieder abspringt. Dazu mußt Du üben, den Schwung des aufkommenden Hinterrads umzusetzen in die Vorwärtsbewegung und die Energie beim Abstoß mitzunehmen. Wichtig ist dabei das Timing. Erst nachdem das Hinterrad gegen das Hindernis geprallt ist, nimmst Du die Energie daraus mit nach oben. Willst Du zu früh das Heck hochziehen, fehlt Dir dieser Schwung. Dieser Trick ist bei sehr hohen Hindernissen wie bei einem Auto zum Beispiel unbedingt nötig.

3 Wenn das Vorderrad oben gelandet ist, ziehst Du das Hinterrad nach oben und seitlich nach. Das entspricht der Technik beim Hinterrad versetzen.

Auf dem Foto auf Seite 24 kann man das sehr gut sehen. Sehr wichtig ist der Winkel, in dem man abspringt, denn dieser entscheidet, wie das Hinterrad aufprallt. Er darf also nicht zu steil sein. In der Absprungphase konzentrierst Du Dich aufs Vorderrad, damit es sauber über die Kante kommt, dann mußt Du aufs Hinterrad achten. Wie immer kann man diese Technik an kleineren Hindernissen üben, bevor man sie an dickeren Brocken dann ausbaut.

DER SEITLICHE BUNNY HOP

Stufen bis zu einem Meter und höher bewältigt man mit dem seitlichen Bunny Hop, wenn man überhaupt keinen Platz für den Anlauf hat oder wenn auf dem Hindernis kein Platz ist um weiterzurollen. Dazu muß man kleine seitliche Bunny Hops und sehr hohe Sprünge beherrschen, denn es ist nichts anderes als eine Kombination aus beidem. Wichtig ist der Abstand zum Hindernis: Du stehst sehr nahe, der Lenker berührt fast das Hindernis. Doch Vorsicht beim Absprung: Du darfst auf keinen Fall hängenbleiben. Entscheidend ist auch die Haltung der Kurbeln. Wenn Du zu flach, also die Kurbeln komplett waagerecht, stehst, kommst Du wahrscheinlich nicht hoch genug.

⬧17 TECHNIK IM WETTKAMPF

Füßen nach. In der zweiten Phase setzt Du das Vorderrad aufs Hindernis und ziehst das Heck nach, wie beim seitlichen Versetzen.

DER HINTERRAD-BUNNY HOP

Der Bunny Hop aufs Hinterrad ist eine Variante für sehr enge Sektionen, wenn Du nach dem Aufsprung sofort aufs Hinterrad mußt, um weiterzukommen. Dazu kann man den Aufprall des Vorderrads aufs Hindernis nützen. Wie beim Speed Bunny Hop jumpst Du auf einen Felsblock hinauf und wenn das Vorderrad aufkommt, nützt Du sofort die Energie, um den Lenker wieder hochzuziehen und aufs Hinterrad zu kommen. Das erfordert schon einige Routine und Übung, aber in engen Sektionen ist es manchmal unumgänglich. Ganz wichtig: Gleich nach der Landung, wenn Du den Lenker hochreißt, mußt Du beide Bremsen voll ziehen, damit Du nicht weiterrollst. Der Stopp-Effekt hilft auch bei der Gewichtsverlagerung nach hinten, um leichter in den Back Wheel-Stand zu kommen.

Es gibt dann noch eine Mix-Technik, wie den Absprung auf dem Hinterrad seitlich zum Hindernis, bei der man auch auf dem Hinterrad landet. Aber solche Variationen gibt es unendlich viele und Du wirst sie selber kombinieren und umbauen, wenn Du in Deiner Technik immer weiter fortschreitest und auf immer neue Situationen in Wettkämpfen oder draußen im Gelände triffst.

4 Eine schwierige Variante, aber in engen Sektionen nötig: Nach einem Speed Bunny Hop zieht man bei der Landung gleich wieder das Vorderrad hoch, um auf dem Hinterrad hüpfend weiter zu kommen.

Hier muß man variieren, die Kurbeln etwa um 15 Grad rauf und runter stellen, um die optimale Haltung für einen selbst herauszufinden.
Vor und beim Absprung ziehst Du die Bremsen mit einem Finger an, die Räder müssen blockieren, damit Du nicht abrutschst.
Dann gehst Du mit dem Körper total tief, um sehr viel Schwung zu holen und reißt den Lenker kräftig nach oben. Schon während das Vorderrad steigt, ziehst Du das Hinterrad mit den verkeilten

Technik, Tuning, Traumtouren

Vom Schnupperkurs bis zum Profi-Trial, von der Kaufberatung fürs erste Mountainbike bis zu den neuesten Materialtipps für Kenner. Ausrüstung und Rennszene, Akrobatik und Notreparaturen unterwegs - keine Frage bleibt offen.

Brant Richards/
Steve Worland
Das Mountainbike
Das richtige Modell, das richtige
Zubehör, die richtige Fahrtechnik
160 S., 119 Farbfotos, 123
farb. Abb., geb.
ISBN 3-7688-1122-0

Rob van der Plas
Mountainbike-Wartung
Pflege und Instandhaltung
152 S., 155 farb. Abb., kart.
ISBN 3-89595-165-X

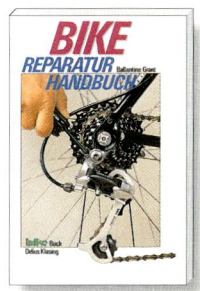

Richard Ballantine/
Richard Grant
Bike Reparaturhandbuch
Für alle Radtypen vom
Mountainbike bis zum Rennrad
96 S., 243 farb. Abb., kart.
ISBN 3-7688-0867-X

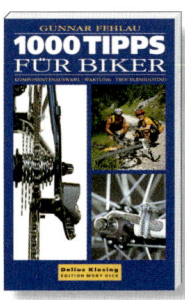

Gunnar Fehlau
1000 Tipps für Biker
Komponentenauswahl,
Wartung, Troubleshooting
176 S., 40 farb. Abb., kart.
ISBN 3-89595-156-0

Fordern Sie unser aktuelles
Gesamtverzeichnis **Bike | Rad
& Fun** an: Delius Klasing
Verlag GmbH, Siekerwall 21,
33602 Bielefeld

Thomas Rögner
Der ultimative Bike-Workshop
Alle Reparaturen, Kaufberatung,
Federgabel-Tuning, Komponenten,
Full-Suspension-Wartung, Pflege
und Einstellung
144 S., 270 farb. Abb., kart.
ISBN 3-7688-1115-8

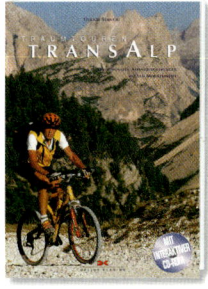

Ulrich Stanciu
Traumtouren Transalp
Die schönsten Alpenüber-
querungen mit dem Mountainbike.
Mit interaktiver CD-Rom
160 S., 238 Farbfotos, 13 Karten
u. 13 Höhenprofile, geb.
inkl. CD-ROM
ISBN 3-7688-1270-7

**Erhältlich im Buch- und
Fachhandel**

DELIUS KLASING